IMPRESSUM

Math. Lempertz GmbH
Hauptstraße 354
53639 Königswinter
Tel.: 02223 / 90 00 36
Fax: 02223 / 90 00 38
info@edition-lempertz.de
www.edition-lempertz.de

Dieses Kochbuch wurde nach bestem Wissen und Gewissen verfasst. Weder der Verlag noch der Autor tragen die Verantwortung für ungewollte Reaktionen oder Beeinträchtigungen, die aus der Verarbeitung der Zutaten entstehen.
Der Markenname „Thermomix" ist rechtlich geschützt und wird nur als Bestandteil der Rezepte verwendet. Für Schäden, die bei der Zubereitung der Gerichte an Personen oder Küchengeräten entstehen, wird keine Haftung übernommen.
Bitte beachte die Anwendungshinweise der Gebrauchsanweisung deines Thermomixgerätes.

www.facebook.com/MIXtippRezepte

Titelbild: Adobe Stock
Lektorat: Annemarie Ulrich
Layout/Satz: Hilga Pauli
Umschlag: Christine Mertens
Gesamtproduktion: P&B Print, Lettland

ISBN: 978-3-96058-381-3

Fotos:
©Adobe Stock: Sea Wave, anna_shepulova, Reservoir Dots, vaaseenaa, valya82, shantihesse, Pixel-Shot, alex9500, fahrwasser, A.P Photography, Alena Ozerova, BurntRedHen, lilechka75, Mika, mizina, Lukas Gojda, bodiaphoto, Trendsetter Images, Jukov studio, shangarey, Iblinova

©Amelie von Kruedener

AMELIE VON KRUEDENER

Bowls

KOCHEN MIT DEM THERMOMIX®

LEMPERTZ

Inhalt

Frühstücks-Bowls

Herzhafte Bowls

Vegetarische Bowls

Gesund und bunt

Bowl-Gerichte, was ist das denn? Bei unserem letzten Besuch in der Bonner Innenstadt, gab es gefühlt in jedem zweiten Restaurant auf der Speisekarte einen Hinweis auf Bowls. Coole Imbissstände oder bunte Studi-Kneipen haben die trendigen Superschüsseln schon lange im Food-Programm und jetzt hat die Schüsselwelle auch den Rest der Republik erreicht! Bowl kommt aus dem Englischen, heißt übersetzt „Schüssel“ und bedeutet letztlich nur, dass nach einer Art Baukastenprinzip verschiedene Zutaten möglichst bunt und vielfältig gemeinsam in einer Schüssel präsentiert werden. Der Trend ist in den USA aus der Clean-Eating-Bewegung heraus entstanden, die darin zusätzlich asiatische Traditionen und buddhistischen Genuss vereint. Der Vielfalt der Zutaten sind dabei eigentlich keine Grenzen gesetzt. Ob als süßes Frühstück oder als herzhafte Hauptmahlzeit – Bowls gehen immer! Sie schmecken köstlich, sind superschnell zubereitet und stehen aufgrund ihrer ausgewogenen Nährstoffzusammensetzung vor allem bei gesundheitsbewussten Genießern hoch im Kurs. Der Thermomix® ist dabei der perfekte Partner für die Zubereitung von superleckeren Bowls zu Hause für dich und deine Lieben. Bestimmt findest du in unserem Buch deine Lieblingsbowl und ansonsten alle praktischen Anleitungen, um eine perfekte Bowl selber zu gestalten. Also schmeiß alle Lieblingszutaten in eine Schüssel und leg los …

Viel Spaß beim Löffeln wünscht

Einführung

Bevor es für dich nun an die Rezepte geht, möchte ich dir eine kurze Einführung geben, um dir den Start in die Welt der Bowls zu erleichtern. Zunächst:

Was ist eine Bowl überhaupt?

Die original Poké-Bowl kommt aus Hawaii. Auf Hawaiianisch heißt Poke: in Stücke schneiden. Sie besteht aus: Fisch, Sojasauce, Sesamöl, Frühlingszwiebel, Sesam, Avocado, Ingwer, Kukui (Lichtnussbaum), Ogo-Algen und Sushireis.

Dann ging die Bowl auf Erfolgsreise und ist nun auf der ganzen Welt mehr als ein Geheimtipp. Wenn man gemein wäre, würde man sagen, es ist so was wie ein Schichtsalat. Aber das wäre wirklich eine fiese Untertreibung, denn so eine Bowl besteht zwar aus unterschiedlichen Bestandteilen, welche nebeneinander garniert werden, aber man kreiert wahre Geschmacksexplosionen. Dabei repräsentieren die Bestandteile verschiedene Nährstoffe. Getreide gilt als Basis einer Bowl und sorgt für die Sättigung. Dann kommt eine Proteinquelle dazu, diese kann aus Fisch, Fleisch oder vegetarisch aus Soja (Tofu) bestehen. Du kannst es aber auch in Form von Kichererbsen oder Hülsenfrüchten in die Bowl geben. Das Topping kann einmal quer durch den Gemüse- und Obstgarten gehen, da sind deiner Fantasie und Kreativität keine Grenzen gesetzt. Hier kannst du alles kombinieren, was noch nie in einer Schüssel zusammen lag. Wenn dir etwas aus dem Rezept nicht schmeckt, ersetze es einfach mit einem anderen Gemüse oder Obst, das du besonders gerne magst.

Bestandteile der Bowl

Sehen wir uns nun die einzelnen möglichen Komponenten einer perfekten Bowl an. Zuerst benötigst du eine **Basis**, darauf servierst du deine **Toppings**, gießt dein **Dressing** darüber und dekorierst mit einer **Crunch**-Zutat deiner Wahl. Hier einige Beispiele:

Basis: Reis (Vollkorn, Sushi, Basmati), Hirse, Quinoa, Ramen, bei den Frühstücksbowls sind es verschiedene Porridge-Varianten oder Smoothies

Toppings: Gemüse und Obst, z.B.: Radieschen, Möhrenraspel, Brokkoliröschen, Avocado, Zucchinischieben, Paprika, Tomaten, Gurken, Blattgemüse, Maiskörner, Ananas, Banane, Erdbeeren, Blaubeeren

Proteine: z.B.: Fisch, Meeresfrüchte, Fleisch, Tofu, Tempeh, Halloumi, Edamame, Kichererbsen, Linsen, Erbsen, Bohnen, Kerne, Nüsse und Samen, Quinoa oder Eier

Dressing: Dressings, Dips und Mus (siehe Rezepte).

Crunch: Nüsse, Kerne, Granola, Sprossen, Kräuter oder Röstzwiebeln

Ramen – Die spezielle Bowl

Eine speziellere Art von Bowl bilden **Ramen**, in diesem Buch gebe ich dir 2 Rezepte mit auf den Weg. Doch was genau sind Ramen? Ramen sind der Hype der letzten Jahre bei uns in Europa. In Japan ist es ein alter Hut und schaut man auf die Geschichte des Gerichts, muss auch der Japaner eingestehen, dass die Suppen zuerst in China beheimatet waren. Das A und O ist die Brühe, die in guten Ramen-Küchen auch schon mal tagelang vor sich hin köchelt. Um eine schnelle Bowl zuzubereiten, ist es daher von Vorteil, wenn man eine gut gekochte Hühner- oder Gemüsebrühe vorbereitet und portionsweise einfriert. Ansonsten muss man sich mit der schnellen Variante abfinden und die ist dann eben auch mal aus dem Supermarktregal. Ähnlich wie bei den anderen Bowls ist es eine Art Baukastensystem. Es gibt die beschriebene Brühe, eine Würzsauce, Tare genannt, die Ramen-Nudeln, die auch, wenn sie länger in der Suppe liegen, nicht unappetitlich aufweichen und eine Einlage, die aus Gemüse, Pilzen, Fleisch, Fisch, Eiern oder Algen besteht. Abgerundet wird das Ramen-Gericht mit einem Würzöl. Besonders bei den Toppings könnt ihr dabei frei nach eurem Geschmack wählen. Auch Fleisch und Fisch sind toll als Einlage bzw. Topping. Fühlt euch frei und kreativ in euren Ramen-Varianten und probiert, was euch in den Sinn kommt bzw. in den Mixtopf fällt.

Frühstück-Bowls – Glücklichmacher für den Morgen

Ja, Bowls können auch süß sein! Es gibt wohl Menschen, die ohne Frühstück leben – aber für mich ist der Start in den Tag nur gut, wenn auch mein Magen verwöhnt wird. Am liebsten mit einer Bowl, die das Herz höherschlagen lässt. Zum einen, weil so eine Bowl ein Augenschmaus ist und zum anderen: Es ist lecker, gesund und macht lange satt und glücklich.

Dabei können Frühstück-Bowls warm oder kalt sein, bunt, aber auch schlicht – je nach Wetter, Laune und Gusto ist bestimmt auch für eure Stimmung etwas dabei. Auch hier habe ich ein paar Basis-Rezepte zusammengestellt, die für eure eigenen Kreationen als Basis dienen. So seid ihr ein wenig freier und könnt eure Bowls mit allem kombinieren, was der Vorrat hergibt. Die Welt der Frühstück-Bowls ist vielseitig, probiert euch einfach durch meine Lieblingsbowls, bei denen ihr bestimmt auch was für euch findet.

Basisrezepte

Basmatireis / Jasminreis

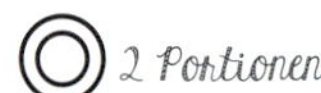
2 Portionen

leicht

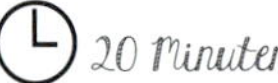
20 Minuten

Zutaten

1000 g Wasser

150 g Basmati- oder Jasminreis

1 TL Salz

1. Koche das Wasser im Wasserkocher auf. Alternativ kannst du das Wasser auch im Mixtopf für 10 Minuten/ 100°C / Stufe 1 kochen lassen. Energiesparender ist dabei jedoch der Wasserkocher.
2. Wiege den Reis ins Garkörbchen ein und spüle ihn unter fließendem Wasser ab, bis das Wasser wieder klar ist.
3. Hänge nun das Garkörbchen über das gekochte Wasser in den Mixtopf ein, gib das Salz hinzu und lass den Reis 10 Minuten/ 100°C/ Stufe 1 garen.
4. Anschließend lässt du den Reis noch 10 Minuten im verschlossenen Mixtopf ruhen. Nun kannst du den Reis für eine Bowl deiner Wahl verwenden.

Parboiled Reis

2 Portionen | leicht | 20 Minuten

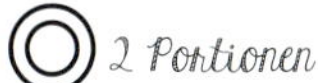

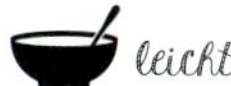

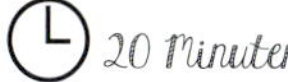

Zutaten

150 g Reis
1000 g Wasser
1 TL Salz
1 TL Butter, optional

1. Wiege den Reis ins Garkörbchen ein und spüle ihn unter fließendem Wasser ab, bis das Wasser wieder klar ist.
2. Fülle das Wasser in den Mixtopf, füge das Salz hinzu und hänge das Garkörbchen ein. Gare anschließend den Reis 20 Minuten/ 100°C/ Stufe 1.
3. Nach Beendigung der Garzeit lass den Reis im Mixtopf für 10 Minuten ruhen. Anschließend entfernst du das Garkörbchen, lässt es abtropfen und füllst den Reis um. Wenn du magst, kannst du den Reis noch mit Butter verfeinern.

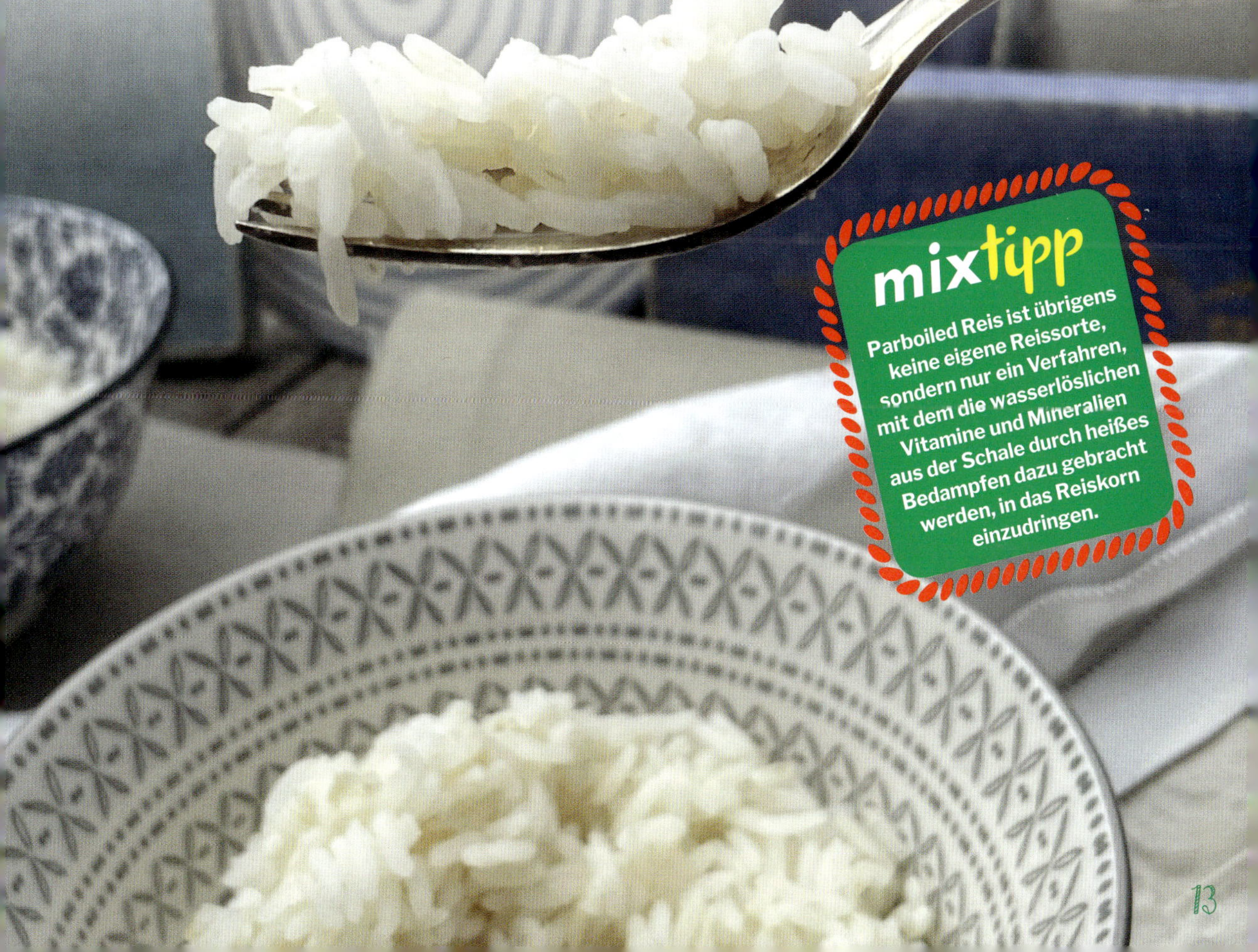

mixtipp

Parboiled Reis ist übrigens keine eigene Reissorte, sondern nur ein Verfahren, mit dem die wasserlöslichen Vitamine und Mineralien aus der Schale durch heißes Bedampfen dazu gebracht werden, in das Reiskorn einzudringen.

Sushi-Reis

2 Portionen | leicht | 10 Min. + 20 Min. Ruhezeit

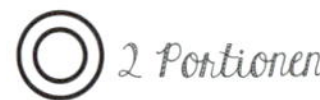

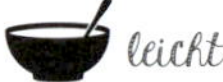

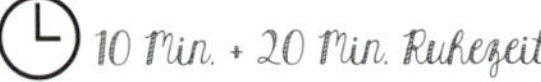

Zutaten

1200 g kochendes Wasser

5 g Salz

150 g Sushi-Reis

3 EL Reisessig

2 EL Zucker

1 TL Salz

1. Gib kochend heißes Wasser und Salz in den Mixtopf. Wiege den Reis ins Garkörbchen ein und spüle ihn unter fließendem Wasser ab, bis das Wasser klar ist.
2. Hänge dann das Garkörbchen in den Mixtopf ein und gare den Reis 8 Minuten/ 100°C/ Stufe 1.
3. Nach dem Ende der Garzeit lässt du den Reis noch 10 Minuten im Garkörbchen ziehen.
4. Breite nun den Reis auf einer flachen Schale aus.
5. Gib den Reisessig, den Zucker und das Salz in den Mixtopf und koche die Mischung 2 Minuten/ 100°C/ Stufe 1 auf. Gib die Essig-Mischung dann auf den Reis und arbeite sie leicht ein. Dann lässt du den Sushi-Reis erneut 10 Minuten ruhen, bevor du ihn für eine Bowl deiner Wahl weiterverwendest.

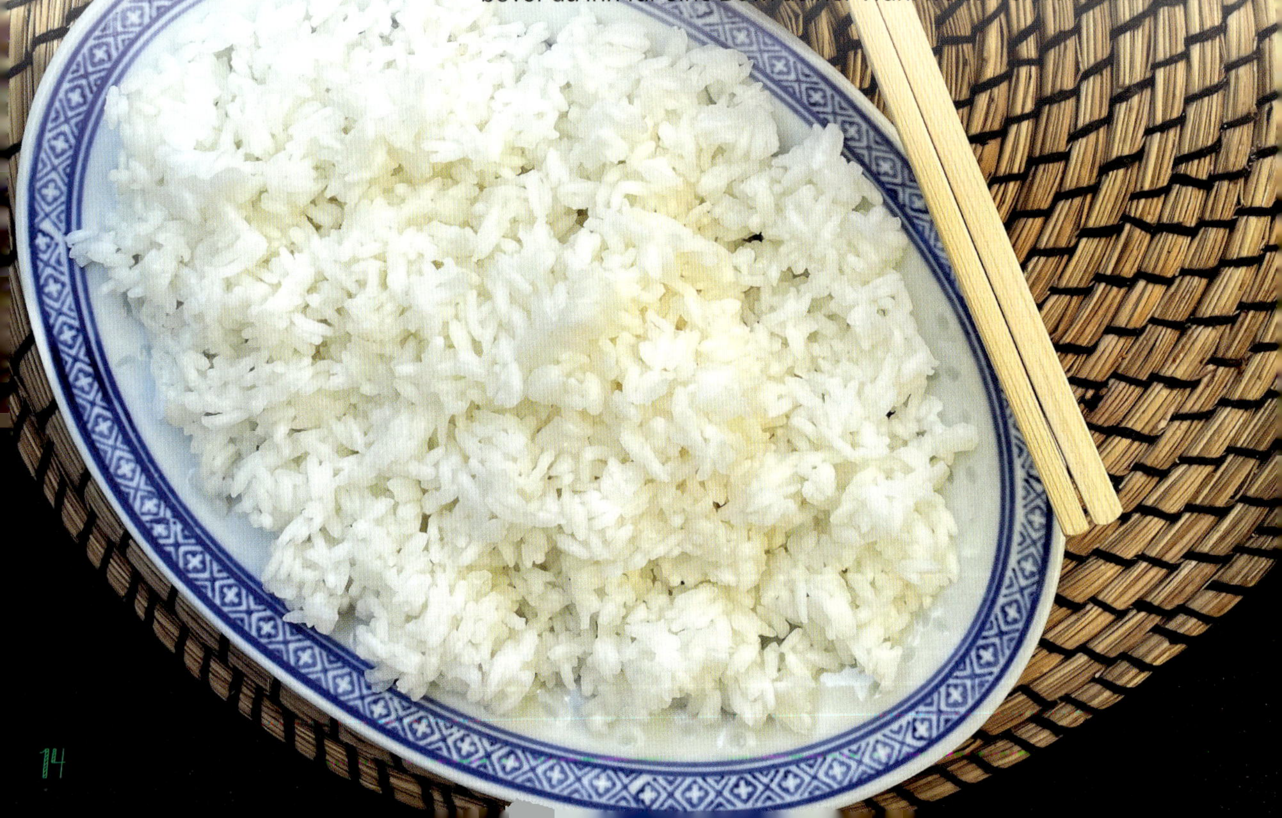

Vollkornreis

2 Portionen | leicht | 40 Minuten

Zutaten

1500 g Wasser
1 TL Salz
150 g Vollkornreis

1. Gib das Wasser mit dem Salz in den Mixtopf.
2. Wiege nun den Reis in das Garkörbchen ein und wasche ihn unter fließendem Wasser ab, bis das Wasser klar ist.
3. Koche den Reis 40 Minuten/ 100°C/ Stufe 1.
4. Nach dem Ende der Kochzeit nimmst du das Garkörbchen aus dem Mixtopf und lässt es abtropfen. Fülle den Reis um und verwende ihn für eine Bowl deiner Wahl.

Bulgur mit Tomaten

Zutaten

1 Knoblauchzehe

30 g getrocknete Tomaten

20 g Olivenöl

100 g Bulgur

½ TL Gemüsebrühwürfel oder Gemüsebrühpaste

200 g Wasser

1 Prise schwarzer Pfeffer

Salz

1. Gib die Knoblauchzehe und die getrockneten Tomaten in den Mixtopf und zerkleinere sie 4 Sekunden/ Stufe 5. Schiebe anschließend die Reste mit dem Spatel nach unten.
2. Füge das Öl hinzu und dünste die Knoblauch-Tomaten-Mischung 3 Minuten/ Varoma/ Stufe 1 an.
3. Jetzt gibst du den Bulgur, die Gemüsebrühpaste und das Wasser in den Mixtopf dazu. Gare das Ganze 12 Minuten/ 100°C/ Linkslauf/ Sanftrührstufe.
4. Schmecke den fertigen Bulgur mit Pfeffer und gegebenenfalls Salz ab.

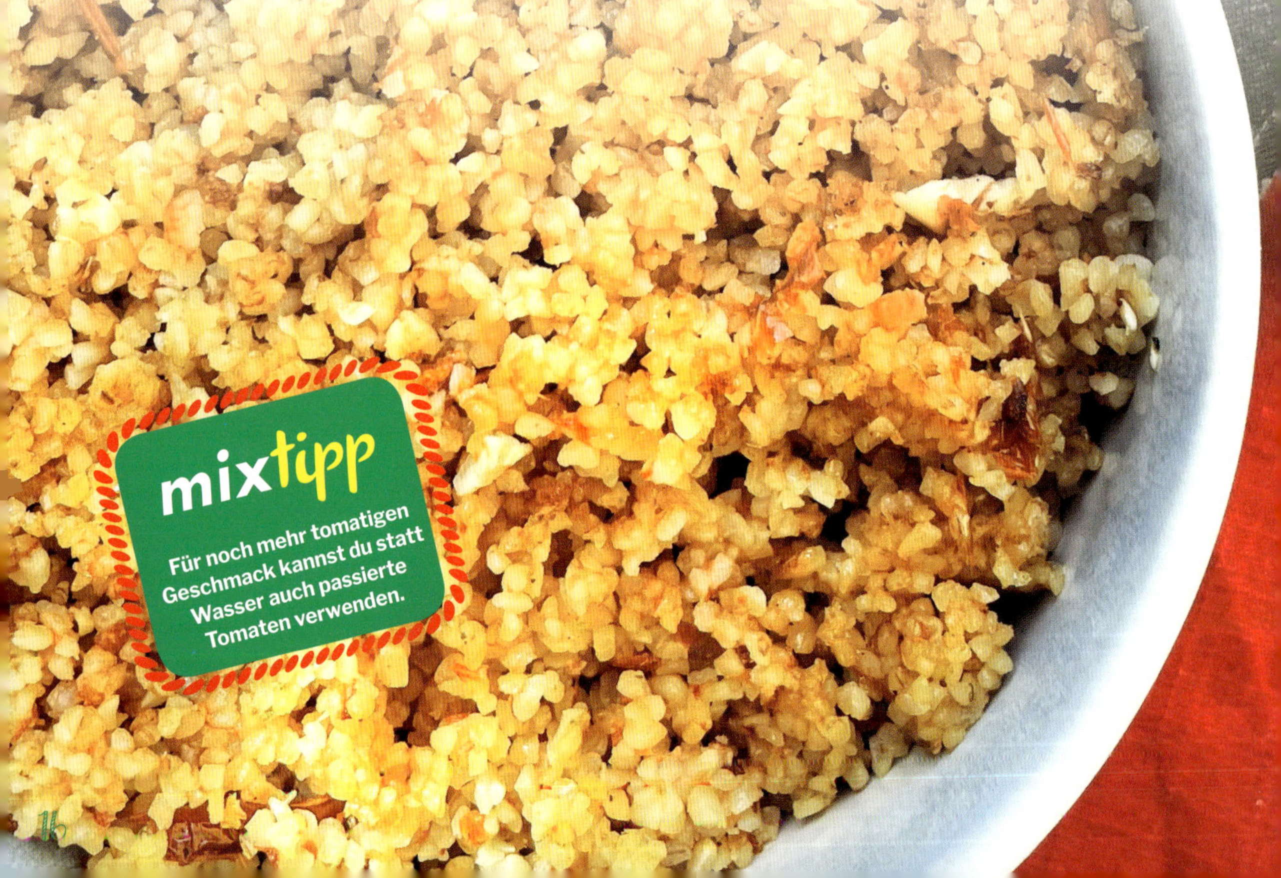

mixtipp

Für noch mehr tomatigen Geschmack kannst du statt Wasser auch passierte Tomaten verwenden.

Hirse

Zutaten

150 g Goldhirse

300 g Wasser

1 TL Salz, 1 TL Salzgemüse oder 1 Gemüsebrühwürfel

1 Knoblauchzehe, optional

1. Wiege die Hirse ins Garkörbchen ein und wasche sie anschließend unter fließendem Wasser ab.
2. Gib das Wasser, das Salz und eventuell 1 Knoblauchzehe in den Mixtopf, setze das Garkörbchen mit der Hirse ein und gare die Hirse 8 Minuten/ 100°C/ Linkslauf/ Stufe 1.
3. Nach Beendigung der Garzeit lässt du die Hirse bei geschlossenem Deckel noch 10 Minuten ausquellen. Wer es nicht so bissfest mag, kann die Garzeit um 1 Minute verlängern.

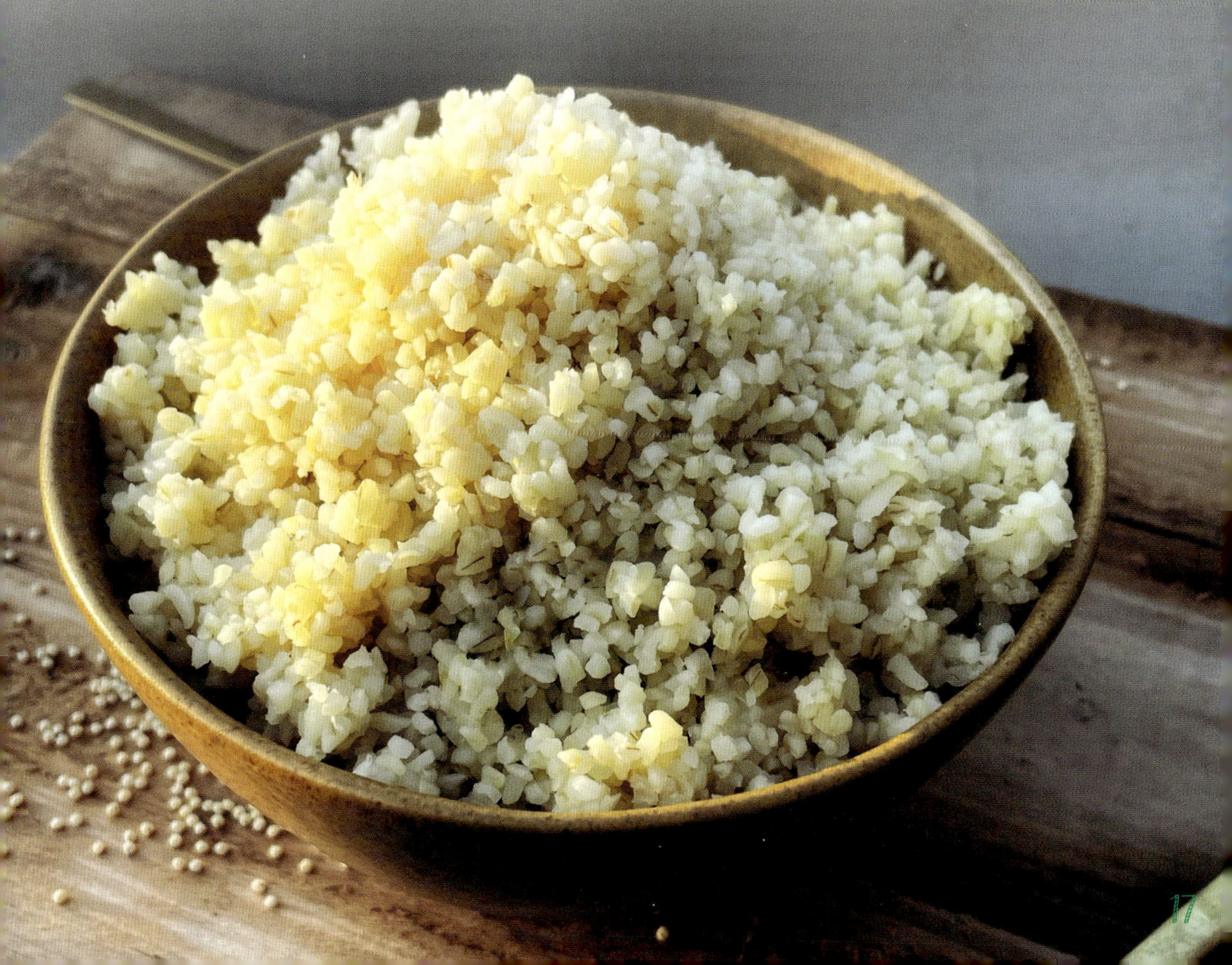

Buchweizen

 2 Portionen  leicht  15 Minuten

Zutaten

1000 g Wasser

1 TL Salz

150 g Buchweizen

1 Prise Pfeffer

1. Gib das Wasser und das Salz in den Mixtopf.

2. Wiege den Buchweizen in das Garkörbchen ein, wasche ihn kurz unter fließendem Wasser ab und hänge das Garkörbchen in den Mixtopf ein. Gare den Buchweizen 15 Minuten/ Varoma/ Stufe 1.

3. Nimm nach Beendigung der Garzeit das Garkörbchen heraus und würze den Buchweizen mit 1 Prise Pfeffer.

mixtipp

Wer den Buchweizen als russisches Kaschka essen möchte, kann den gegarten Buchweizen noch mit 100 g geriebenem Käse verfeinern. Besonders lecker ist auch eine Prise Muskatnuss dazu.

Quinoa

2 Portionen · leicht · 20 Minuten

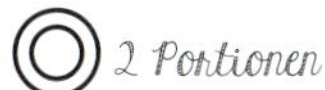

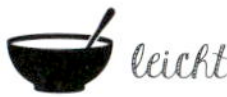

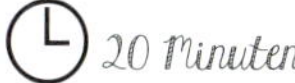

Zutaten

200 g Quinoa

800 g Wasser

1 TL Salz oder 1 Würfel Gemüsebrühe

1 EL Olivenöl

1. Wiege die Quinoa ins Garkörbchen ein und wasche sie danach mit heißem Wasser ab. So werden die Bitterstoffe ausgewaschen.
2. Gib das Wasser mit dem Salz oder der Gemüsebrühe und dem Öl in den Mixtopf.
3. Setze das Garkörbchen mit der Quinoa ein und gare sie 20 Minuten/ Varoma/ Stufe 1.
4. Anschließend entfernst du das Garkörbchen vorsichtig, lässt es abtropfen und füllst die Quinoa um.

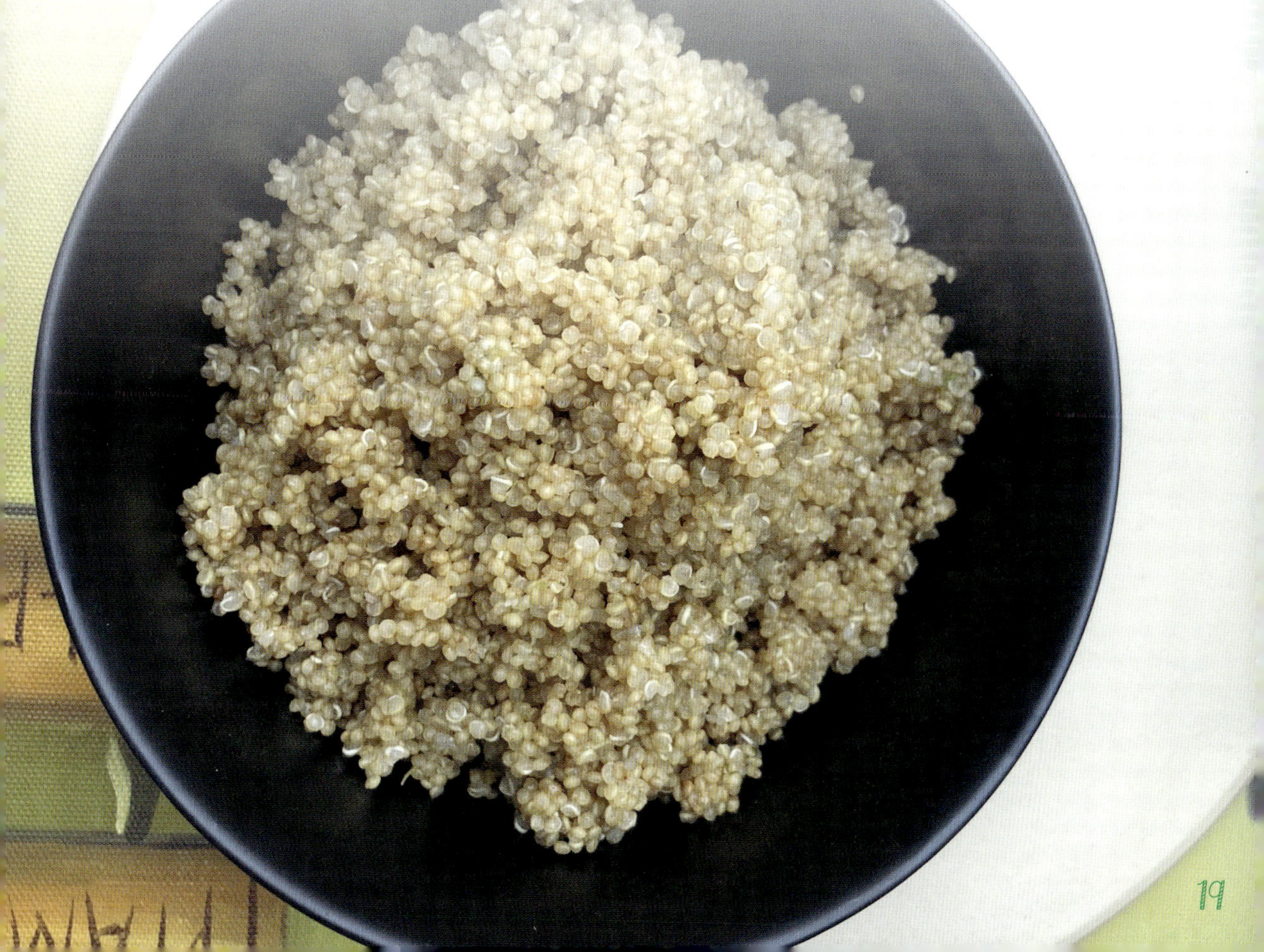

Dressings

Hier gibt es sicher für jeden Geschmack etwas. Einige der Dressings findet ihr später bei den eigentlichen Bowls wieder.
Aber ihr könnt ganz nach eurem Geschmack die Dressings zu all meinen Bowls variieren und sie auch als Grundlage für ganz eigene Bowls-Kreationen verwenden.

Allrounder-Dressing

4 TL Olivenöl

5 EL Apfelessig

1 EL Zitronensaft

1½ Salz

1 TL Pfeffer

Gib alle Zutaten zusammen in den Mixtopf und vermische sie 30 Sekunden/ Stufe 4.

Sesam-Joghurt-Dressing

2 EL Sesam, geröstet

200 g Joghurt

2 EL Tahin

1 EL Zitronensaft

1 TL Agavendicksaft

½ TL Salz

1. Röste den Sesam in einer Pfanne ohne Fett an, bis er anfängt zu duften.
2. Gib dann alle Zutaten zusammen in den Mixtopf und vermische sie 10 Sekunden/ Stufe 4.

Paprika-Dressing

1 EL Sesam, geröstet

2 EL Paprikapaste

1 EL Sesamöl

1 EL Wasser

2 TL Weißweinessig

1. Röste den Sesam in einer Pfanne ohne Fett an, bis er anfängt zu duften.
2. Gib dann alle Zutaten zusammen in den Mixtopf und vermische sie 10 Sekunden/ Stufe 4.

Avocado-Dressing

1 Knoblauchzehe

1 cm frischer Ingwer, geschält

½ Avocado, in Stücken

3 EL Olivenöl

2 EL Apfelessig

½ TL Salz

¼ TL Pfeffer, gemahlen

Gib alle Zutaten zusammen in den Mixtopf und vermische sie 10 Sekunden/ Stufe 4.

Dattel-Dressing

1 Knoblauchzehe

3 Datteln

4 EL Olivenöl

3 EL Weißweinessig

½ EL Senf

½ TL Salz

Gib alle Zutaten zusammen in den Mixtopf und vermische sie 10 Sekunden/ Stufe 4.

Tahin-Knoblauch-Dressing

(z.B. für Kürbis oder Vollkornreis)

3 Knoblauchzehen

100 g Wasser

4 EL Tahin

5 EL Weißweinessig

1 TL Salz

1. Schäle den Knoblauch und zerkleinere ihn im Mixtopf 5 Sekunden/ Stufe 5. Schiebe dann die Reste mit dem Spatel nach unten.
2. Anschließend fügst du alle anderen Zutaten in den Mixtopf hinzu und vermischst alles 20 Sekunden/ Stufe 4.

Erdnuss-Dressing

1 Knoblauchzehe

1 cm frischer Ingwer, geschält

50 g Wasser

2 EL Erdnussmus

5 EL Sojasauce

4 EL Limettensaft

4 EL Weißweinessig

1 TL Harissapaste (Chilipaste)

1 TL Sesamöl

1. Gib die Knoblauchzehe und den Ingwer in den Mixtopf und zerkleinere beides 5 Sekunden/ Stufe 6. Schiebe anschließend die Reste mit dem Spatel nach unten.
2. Füge dann alle anderen Zutaten in den Mixtopf hinzu und vermische alles 30 Sekunden/ Stufe 6 zu einem cremigen Dressing.

Grünes Curry-Dressing

2 Knoblauchzehen

2 EL grüne Currypaste

½ Zwiebel

2 EL Sojasauce

4 EL Olivenöl

4 EL Zitronensaft

2 EL frische Petersilie, abgezupft

¼ TL Chinagewürz

½ TL Chiliflocken

2 EL Rapsöl

1. Zerkleinere die Knoblauchzehen im Mixtopf 5 Sekunden/ Stufe 6 und schiebe anschließend die Reste mit dem Spatel nach unten.
2. Füge anschließend alle anderen Zutaten in den Mixtopf hinzu und vermische alles 30 Sekunden/ Stufe 5.

Scharfes Wasabi-Dressing

1 TL Wasabi

1 TL Ahornsirup

3 EL Weißweinessig

1 EL Rapsöl

1 TL Sesamöl

1 Prise Salz

Gib alle Zutaten zusammen in den Mixtopf und vermische sie 30 Sekunden/ Stufe 4.

Dips

Baba Ghanoush (Auberginenpüree)

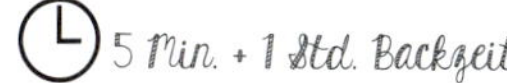

Zutaten

Utensilien:
1 Backblech, -papier

1 mittelgroße Aubergine

1 Knoblauchzehe

1 EL Tahin (Sesampaste)

Abrieb von ¼ Zitrone
+ 1 TL Zitronensaft

1 EL Olivenöl

2 Msp. Kreuzkümmel, gemahlen

1. Heize zunächst den Ofen auf 180°C Umluft vor.
2. Stich die Aubergine mit einem Messer mehrfach tief ein und lege sie auf ein mit Backpapier belegtes Backblech. Backe die Aubergine dann 1 Stunde/ 180°C Umluft im Backofen.
3. Schäle nun die Knoblauchzehe, gib sie in den Mixtopf und zerkleinere sie 5 Sekunden/ Stufe 5. Schiebe dann die Reste mit dem Spatel nach unten.
4. Nimm die Aubergine aus dem Ofen, kratze das Fruchtfleisch der abgekühlten Aubergine mit einem Löffel heraus. Gib das Fruchtfleisch mit Tahin, Zitronenschale und -saft, Olivenöl und Kreuzkümmel in den Mixtopf und vermische alles 4 Sekunden/ Stufe 4.

Hummus – das Original

Habt ihr schon einmal Hummus gekauft? Braucht ihr nie wieder, denn dieser Hummus ist einfach nur perfekt!

Zutaten

120 g Kichererbsen (oder 1 Dose à 140 g gegarte Kichererbsen – dann entfallen Schritt 1–4)

1 l Wasser

1 TL Natron

120 g helles Tahin (Sesammus)

2 EL Zitronensaft

1 Knoblauchzehe

½ TL Salz

70 g eiskaltes Wasser

1. Weiche die trockenen Kichererbsen am Vorabend über Nacht ein. Gieße am nächsten Morgen das Wasser ab und fange es dabei auf.

2. Fülle den Mixtopf mit dem aufgefangenen Wasser und dem Natron.

3. Jetzt gibst du die Kichererbsen in das Garkörbchen und hängst es in den Mixtopf ein. Gare die Kichererbsen 30 Minuten/ 100 °C/ Stufe 2 ohne Messbecher.

4. Nach Ende der Garzeit stellst du das Garkörbchen zur Seite und leerst den Mixtopf.

5. Gib nun die gekochten Kichererbsen wieder in den Mixtopf und füge das Tahin, den Zitronensaft, die Knoblauchzehen und das Salz hinzu. Zerkleinere die Mischung 2-mal mit der Turbo-Einstellung (s. S. 63) und püriere das Ganze anschließend 1 Minute/ Stufe 6.

6. Gieße während des Püriervorgangs das eiskalte Wasser langsam dazu. Fertig!

Spinathummus

Zutaten

240 g vorgegarte Kichererbsen aus der Dose

1 Knoblauchzehe

1 Handvoll frischer Spinat

2 EL Zitronensaft

½ TL Salz

1–2 EL eiskaltes Wasser

Gib die Kichererbsen, den Knoblauch, den Spinat, den Zitronensaft und das Salz in den Mixtopf und verrühre alles 1 Minute/ Stufe 5,5. Füge gegen Ende das eiskalte Wasser hinzu. Fertig!

mixtipp

Wer das Zaziki nicht so flüssig mag, kann nach Schritt 1 die zerkleinerte Gurke noch einmal in ein Sieb geben und die Flüssigkeit heraustropfen lassen.

Zaziki

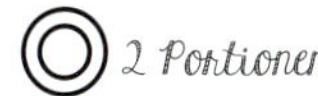

Zutaten

1 Knoblauchzehe

½ Gurke, geschält und entkernt, in Stücken

200 g Joghurt

½ TL Salz

1 Prise Pfeffer

½ Bio-Zitrone, Saft und Abrieb

1 TL Olivenöl

1. Zuerst gibst du die Knoblauchzehe und die Gurkenstücke in den Mixtopf und zerkleinerst sie 5 Sekunden/ Stufe 5. Schiebe die Reste mit dem Spatel nach unten.
2. Anschließend gibst du den Joghurt, das Salz, den Pfeffer, den Zitronensaft und die Zitronenschale und das Olivenöl in den Mixtopf dazu und vermischst das Zaziki 3 Sekunden/ Stufe 2.

Basisrezepte fürs Frühstück

mixtipp
Fülle anschließend direkt Wasser in den Mixtopf, erhitze es 1 Minute/ 100°C/ Stufe 1 und spüle den Mixtopf dann kurz mit der Turbo-Einstellung durch. Ansonsten klebt der Haferschleim am Boden und es nervt, ihn angetrocknet ausspülen zu müssen.

Hafer-Porridge

Ganz schlicht, ganz mild, ganz samtig und cremig – so muss Porridge sein. Mit diesem Basisrezept mit oder ohne Zucker könnt ihr loslegen und eure eigenen Kreationen zusammenstellen.

Zutaten

80 g kernige Haferflocken

350 g Wasser oder Pflanzenmilch

1 Prise Salz

1 EL Agavendicksaft – ganz nach Geschmack süßen (ich mag es gern mit wenig Zucker und mische für eine natürliche Süße später Banane, Nussmus und Apfel darunter)

Gib die Haferflocken, das Wasser oder die Pflanzenmilch mit dem Salz in den Mixtopf und koche das Porridge 8 Minuten/ 90°C/ Linkslauf/ Stufe 1 cremig. Serviere das Porridge entweder warm oder kalt in 2 Schalen und dekoriere diese nach Herzenslust.

Chia-Pudding

Die glutenfreien Samen haben es in sich. Sie sind ein guter Lieferant für Omega-3-Fettsäuren. Dafür müssen sie jedoch vorher geschrotet – oder sehr gut gekaut werden. Auch als Eiweißlieferant können die winzigen Samen einen guten Beitrag für unsere Gesundheit leisten. Dazu übertrifft der Calciumgehalt die Milch bei weitem. Noch was? Na klar, die Aminosäure Tryptophan sorgt für einen guten Schuss Serotonin und damit für gute Laune. Als Frühstück und Starter für den Tag gibt es kaum bessere Argumente.

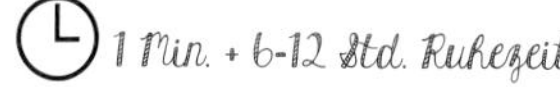

Zutaten

400 g Kokosdrink
80 g Chiasamen
3 EL Agavendicksaft

1. Gib den Kokosdrink, die Chiasamen und den Agavendicksaft in den Mixtopf und vermische die Zutaten 10 Sekunden/ Linkslauf/ Stufe 3.
2. Anschließend verteilst du den Chia-Pudding auf 2 Schalen und stellst ihn über Nacht in den Kühlschrank.

Hirse-Porridge

Hirse als Porridge, Brei oder Creme – wie man das Kind nennt, ist völlig egal – ist ein Frühstücks-, Wellness- und Schönheits-Geheimtipp. So – nun ist es raus. Das glutenfreie Getreide ist reich an Silizium und macht damit Haut, Haare und Nägel glatter, glänzender und fester. Cellulite wird Einhalt geboten und das Getreide aus der Familie der Süßgräser bietet gleich nach dem Hafer die meisten Spurenelemente und Mineralien wie Eisen und Magnesium frei Haus. Magen und Darm freuen sich ebenfalls, da Hirse auch noch entzündungshemmend wirkt und das Immunsystem stärkt. Neben all diesen Aspekten schmeckt ein Hirse-Porridge auch noch gut und macht lange satt.

Zutaten

150 g Hirse

600 g Milch oder Pflanzenmilch

1 Prise Salz

1 EL Cashewmus

30 g Zucker, Kokosblütenzucker, Agavendicksaft oder Honig

1. Wiege die Hirse ins Garkörbchen ein und wasche sie kurz unter fließend kaltem Wasser ab.
2. Gib dann die Hirse ohne Garkörbchen zusammen mit der Milch oder Pflanzenmilch und dem Salz in den Mixtopf und koche das Porridge 8 Minuten/ Varoma/ Linkslauf/ Stufe 2.
3. Anschließend entfernst du den Messbecher und lässt das Porridge 40 Minuten/ 70°C/ Linkslauf/ Stufe 2 weiter köcheln.
4. Füge dann das Cashewmus und den Zucker hinzu und lass das Porridge weitere 5 Minuten/ 70°C/ Stufe 2 fertiggaren.
5. Serviere das Porridge entweder warm oder kalt in 2–4 Schalen und dekoriere diese nach Herzenslust.

mixtipp
Dieses Frucht-Topping
könnt ihr auch als Beilage
für Waffeln oder Eis
verwenden. Dann empfehle
ich einfach ein Glas
Sauerkirschen, da ist der
Saft schon inklusive.

Früchte-Kompott für süße Bowls

Es geht manchmal einfach nichts über einen süßen Fruchtkick am Morgen. Am Abend vorbereitet, geht die Zubereitung der Frühstücks-Bowl am Morgen dann ganz schnell. Auch als to go bietet sich diese Form von Fruchtkompott an. Dafür ein leeres Joghurtglas mit einer beliebigen Basis füllen, Fruchttopping darauf schichten und mit einem Crunch verzaubern.

Zutaten

200 g Früchte, frisch oder TK, z.B. Erdbeeren

200 g Fruchtsaft

1 TL Speisestärke

Gib die Früchte und den Fruchtsaft deiner Wahl zusammen mit der Speisestärke in den Mixtopf und lass die Mischung 6 Minuten/ 100°C/ Stufe 2 zu einem Kompott einköcheln.

Süßer Reis

Dieser vegane Milchreis ist eine tolle Basis für ein Sattmacherfrühstück für süße Schleckermäulchen. Dazu passen alle Obstsorten, Smoothies, Trockenfrüchte oder Nüsse.

Zutaten

100 g Milchreis

480 g Kokosdrink

2 EL Agavendicksaft oder Zucker

1 Prise Salz

1. Gib den Milchreis, den Kokosdrink, den Agavendicksaft und das Salz in den Mixtopf und gare den süßen Reis 45 Minuten/ 100°C/ Linkslauf/ Sanftrührstufe.
2. Lass den süßen Reis nach Beendigung der Garzeit noch 5 Minuten im Mixtopf ruhen und serviere ihn entweder warm oder kalt in 2 Schalen und dekoriere diese nach Herzenslust.

Crunches & Granola

Low-Carb-Crunch

Es muss nicht immer so viel Zucker sein. Mit diesem super-leckeren Granola wird jedes schlechte Gewissen zum Schweigen gebracht und jede Bowl zum Crunchen.

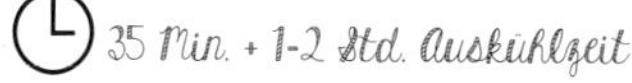

Zutaten

Utensilien:
1 Backblech, -papier,
1 verschließbare Dose

100 g Mandeln
50 g Cashewkerne
50 g Walnüsse
50 g Quinoa, gepufft
100 g kernige Haferflocken
50 g Kokosblättchen
2 EL Agavendicksaft
50 g Chiasamen
1 TL Zimt
2 EL Vollrohrzucker
1 Prise Salz
50 g Rosinen

1. Heize zunächst den Backofen auf 160°C Umluft vor.
2. Gib die Mandeln, die Cashews und die Walnüsse in den Mixtopf, zerkleinere sie 2 Sekunden/ Stufe 4 und fülle die Nussmischung in eine separate Schüssel um.
3. Jetzt fügst du zu der Nussmischung die Quinoa, die Haferflocken, die Kokosblättchen, den Agavendicksaft, die Chiasamen, den Zimt, den Zucker und das Salz hinzu und vermischst alle Zutaten in der Schüssel. Verteile jetzt das Granola auf einem mit Backpapier belegten Backblech und röste es 30 Minuten/ 160°C Umluft.
4. Lass das Granola nach Ende der Backzeit vollständig abkühlen, mische die Rosinen unter und fülle es anschließend in eine gut verschließbare Dose.

Granola

Beim Granola sind euch echt keine Grenzen gesetzt. Hier könnt ihr experimentieren, wie es die Vorräte im Küchenschrank hergeben. Ist das eine nicht da, nehmt einfach was anderes. Hier habe ich ein Grundrezept zusammengestellt, das angenehm süß, aber nicht klebrig süß ist und wunderbar zu allem passt.

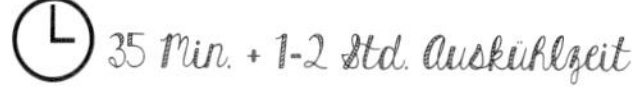

Zutaten

Utensilien:

1 Backblech, -papier,
1 verschließbare Dose

150 g Nussmischung (gerne auch eine fertig geröstete und gesalzene)

150 g Ahornsirup

50 g Zucker

40 g Kokosöl

¼ TL Salz

optional: 1 TL Zimt oder gemahlene Vanille

400 g Haferflocken, kernig

20 g Amaranth, gepufft

50 g Sonnenblumenkerne

1. Heize als Erstes den Backofen auf 160°C Umluft vor und belege ein Backblech mit Backpapier.
2. Gib die Nussmischung in den Mixtopf, zerkleinere sie 1–2 Sekunden/ Stufe 5 und fülle die zerkleinerten Nüsse dann in eine separate Schüssel um. Ich mag es, wenn die Nussstücke noch recht groß sind, das kannst du aber ganz nach deinem Geschmack entscheiden.
3. Jetzt gibst du den Ahornsirup, den Zucker, das Kokosöl, das Salz und eventuell den Zimt oder die Vanille in den ungespülten Mixtopf und erhitzt alles 4 Minuten/ 100°C/ Stufe 1.
4. Anschließend fügst du die Nussmischung, die Haferflocken, den gepufften Amaranth und die Sonnenblumenkerne in den Mixtopf hinzu und vermischst die Zutaten 20 Sekunden/ Linkslauf/ Stufe 2,5.
5. Verteile die Mischung auf dem vorbereiteten Backblech und backe sie 30 Minuten/ 160°C Ober-/Unterhitze. Schichte zwischendurch mal mit einem langen Löffel das Granola um und kontrolliere dabei, dass das Granola nicht verbrennt, sonst wird es bitter und ungenießbar.
6. Nimm nach dem Ende der Backzeit das Backblech aus dem Ofen und lass das Granola vollständig abkühlen. Fülle das abgekühlte Granola in eine gut verschließbare Dose und nasche nicht zu oft davon!

Haselnuss-Crunch

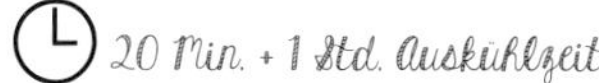

Zutaten

Utensilien:

1 Backblech, -papier,
1 verschließbare Dose

200 g Haselnusskerne

130 g brauner Zucker

3 EL Wasser

1. Als Erstes heizt du den Backofen auf 180°C Ober/Unterhitze vor.

2. Gib die Haselnusskerne, den braunen Zucker und das Wasser in den Mixtopf und gare die Nussmischung 6 Minuten/ Varoma/ Linkslauf/ Stufe 1.

3. Anschließend setzt du das Garkörbchen als Spritzschutz auf und garst die Mischung erneut 3 Minuten/ Varoma/ Linkslauf/ Stufe 1.

4. Verteile nun die Haselnüsse auf einem mit Backpapier belegten Blech und backe sie im vorgeheizten Backofen 10 Minuten/ 180°C Ober-/Unterhitze goldbraun. Lass die Nüsse anschließend sofort auf einem flachen Teller auskühlen.

5. Spüle den Mixtopf gut aus und trockne ihn ab. Dann gibst du die gebrannten Haselnüsse in den Mixtopf und zerhackst sie 2 Sekunden/ Stufe 5.

6. Nutze den Crunch direkt als Topping oder fülle ihn in eine verschließbare Dose um.

Mandel-Crunch

Liebt ihr gebrannte Mandeln wie vom Weihnachtsmarkt? Dann seid ihr hier genau richtig, denn dieser Crunch ist engelsgleich – ob mit oder ohne Weihnachten.

200 g

leicht

20 Min. + 1 Std. Auskühlzeit

Zutaten

Utensilien:

1 Backblech, -papier

200 g ganze Mandeln

130 g brauner Zucker oder Kokosblütenzucker

½ TL Zimt

2 EL Wasser

1. Heize den Backofen auf 180°C Ober/Unterhitze vor. Gib die Mandeln, den Zucker, den Zimt und das Wasser in den Mixtopf und gare die Mischung 6 Minuten/ Varoma/ Linkslauf/ Stufe 1.
2. Nimm den Messbecher heraus, setze das Garkörbchen als Spritzschutz auf und gare den Mandel-Crunch erneut 3 Minuten/ Varoma/ Stufe 1.
3. Anschließend verteilst du die Mandeln auf einem mit Backpapier belegten Blech und backst sie im vorgeheizten Backofen 10 Minuten/ 180°C Ober/Unterhitze goldbraun. Anschließend lässt du die Mandeln auf einem Teller auskühlen.
4. Gib die gebrannten Mandeln in den sauberen Mixtopf und zerkleinere sie 2 Sekunden/ Stufe 5.
5. Nutze den Crunch direkt als Topping oder fülle ihn in eine verschließbare Dose um.

Frühstücks-Bowls

mixtipp

Anstelle von einem Beerenpüree, kannst du die Beeren auch aufgetaut einfach so am nächsten Tag zum Chia-Pudding geben.

Chia-Pudding mit Beeren und Granola

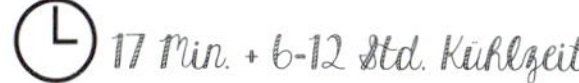

Zutaten

Utensilien:

1 Backblech, -papier

Für den Chia-Pudding:

500 g Kokosmilch

90 g Chiasamen

3 EL Agavendicksaft

½ TL Vanille, gemahlen

Für das Beerenpüree:

200 g TK-Beerenmischung

2 EL Kokosmilch

Topping:

Granola (s. S. 53)

1. Heize den Backofen auf 180°C Ober-/Unterhitze vor.
2. Gib die Kokosmilch, die Chiasamen, den Agavendicksaft und die gemahlene Vanille in den Mixtopf und vermische alles 10 Sekunden/ Linkslauf/ Stufe 3. Fülle anschließend den Pudding in eine separate Schüssel um und stelle ihn für 6–12 Stunden kalt.
3. Jetzt gibst du die Tiefkühl-Beeren in den ungespülten Mixtopf, fügst die Kokosmilch hinzu und pürierst die Mischung 2–3-mal mit der Turbo-Einstellung (s. S. 63).
4. Vermische das Ganze anschließend 1 Minute/ Stufe 8 und fülle die Mischung in eine separate Schüssel um.
5. Lass das Beerenpüree verschlossen bis zum nächsten Morgen im Kühlschrank durchkühlen.
6. Nimm am nächsten Morgen den Chia-Pudding aus dem Kühlschrank, toppe ihn mit dem Beerenpüree, bestreue ihn mit dem Granola und dekoriere das Ganze nach Lust und Laune mit weiteren Obstsorten.

Tipp:

Wer es Low Carb haben möchte, macht sich eine „Grüne Smoothie-Bowl", z.B. aus Blattspinat, Gurke, Endivie, Apfel, Kiwi und Banane. Nüsse oder Haferflocken eignen sich dann besonders gut als Crunch und passen in das Ess-Konzept.

Smoothie-Bowl

Hier darf alles rein, was schmeckt. Für den cremigen Frischekick sollte ein Teil der Früchte aus dem Tiefkühler kommen. Joghurt, Quark, Milch oder Pflanzenmilch machen die Smoothie-Bowl zu einem runden Frühstücksgericht, das ganz nach Saison anschließend mit frischen Früchten und Crunch dekoriert werden kann. Das Auge will schließlich auch was davon haben.

Zutaten

2 Datteln

200 g TK-Obst, z.B. Erdbeeren, Mango, Heidelbeeren

1–2 Bananen, geschält, in Stücken

1 EL Cashewmus

100 g Joghurt, Kokos- oder Mandeldrink

Toppings:

frisches Obst nach Wahl
etwas Granola (s. S. 53)

1. Gib die Datteln in den Mixtopf und zerkleinere sie mithilfe der Turbo-Einstellung (s. Infokasten unten). Anschließend schiebst du die Reste mit dem Spatel nach unten.
2. Jetzt fügst du das Tiefkühl-Obst, die Bananenstücke, das Cashewmus und den Joghurt dazu und pürierst das Ganze 20 Sekunden/ Stufe 8.
3. Verteile den Smoothie auf 2 Schalen und dekoriere die Smoothie-Bowls mit frischem Obst und Granola.

Infokasten: Turbo-Einstellung

Die Turbo-Einstellung kann zum Zerkleinern von Zutaten, zum Spülen des Mixtopfes oder zum Freischleudern des Messers dienen. Schau in die Bedienungsanleitung deines Modells, wo du die Einstellung finden kannst, wenn du sie noch nicht kennst. Das Besondere der Einstellung ist, dass das Messer direkt von 0 auf Stufe 10 beschleunigt und nicht langsam hochschaltet. Im Turbo-Modus kannst du kein eigenes Zeitintervall wählen. Dafür gibt es ein festgelegtes Zeitintervall. Reicht eine Runde im Turbo-Modus nicht aus, kannst du die Einstellung wiederholen.

Rote-Grütze-Chia-Pudding

Zutaten

350 g Haferdrink

150 g TK-Beerenmischung

15 g Agavendicksaft

75 g Chiasamen

Mark von ¼ Vanilleschote

Für das Kirschkompott:

200 g Kirschsaft

1 TL Speisestärke

100 g Sauerkirschen

Topping:

1 Handvoll Granola (s. S. 53)

1. Gib den Haferdrink und die Beerenmischung in den Mixtopf und vermische alles 15 Sekunden/ Stufe 8.

2. Füge den Agavendicksaft, die Chiasamen und das Vanillemark hinzu und vermische alles erneut 10 Sekunden/ Stufe 5.

3. Fülle nun die Mischung in 2 Schalen um und lass sie abgedeckt über Nacht im Kühlschrank stehen.

4. Gib nun für das Kirschkompott den Kirschsaft mit der Speisestärke in den Mixtopf und lass das Ganze 5 Minuten/ 100°C/ Stufe 2 aufkochen.

5. Füge nun die Kirschen in den Mixtopf hinzu und verrühre alles 5 Sekunden/ Linkslauf/ Stufe 2. Zum Schluss füllst du das Kirschkompott in eine separate Schüssel um und lässt es ebenfalls über Nacht abkühlen.

6. Am nächsten Tag verteilst du das Kirschkompott auf die 2 Schalen Chia-Pudding und garnierst nach Belieben mit 1 Handvoll Granola.

Chia-Pudding mit Mango

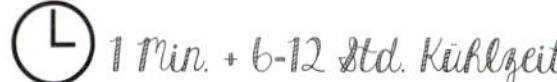

Zutaten

200 g Kokosmilch

5 EL Agavendicksaft

200 g Wasser

80 g Chiasamen

200 g Mango oder andere Früchte, geschält, in Stücken (kann auch TK sein, dann über Nacht auftauen lassen)

Toppings:

weiße Schokolade, Kokosraspel oder Mandelblättchen

1. Gib die Kokosmilch und den Agavendicksaft mit dem Wasser in den Mixtopf und vermische die Zutaten 20 Sekunden/ Stufe 4.
2. Gib die Chiasamen in den Mixtopf dazu und rühre sie 5 Sekunden/ Linkslauf/ Stufe 3 unter.
3. Nun füllst du den Chia-Pudding in 2 Schalen um und lässt ihn 6–12 Stunden im Kühlschrank ruhen.
4. Am nächsten Tag gibst du die Mangostücke in den gereinigten Mixtopf und pürierst sie 20 Sekunden/ Stufe 5. Löffele dann das Mangopüree auf den Chia-Pudding und dekoriere deine Bowls mit geraspelter weißer Schokolade, Kokosraspeln oder gerösteten Mandelblättchen.

Hirse-Porridge mit Äpfel und Zimt

Zutaten

150 g Hirse

1 Prise Salz

600 g Milch oder Pflanzenmilch

einige Haselnüsse, gehackt und geröstet

1 EL Cashewmus

40 g Agavendicksaft, Kokosblütenzucker oder Honig

50 g Cranberrys

1 TL Zimt + Zimt zum Bestäuben

2 Äpfel, entkernt, in dünnen Scheiben

1. Wiege die Hirse ins Garkörbchen ein und wasche sie anschließend unter fließendem Wasser kurz ab. Gib dann die Hirse ohne Garkörbchen zusammen mit Salz und Milch oder Pflanzenmilch in den Mixtopf und gare sie 8 Minuten/ Varoma/ Linkslauf/ Stufe 2,5.

2. Entferne anschließend den Messbecher und lass das Hirse-Porridge 40 Minuten/ 70°C/ Linkslauf/ Stufe 2 weiter köcheln. In der Zwischenzeit röstest du die gehackten Haselnüsse in einer Pfanne ohne Fett an, bis sie duften. Fülle anschließend die Haselnüsse in eine separate Schüssel um, damit sie nicht in der Pfanne anbrennen.

3. Gib das Cashewmus, den Agavendicksaft, die Cranberrys und den Zimt in den Mixtopf dazu und gare das Porridge weitere 5 Minuten/ 70°C/ Linkslauf/ Stufe 2. Fülle das fertige Porridge dann in 2 Schalen um.

4. Schneide die Äpfel in Viertel und dann in dünne Scheiben und garniere die Bowls damit. Dekoriere sie anschließend noch mit den gerösteten Haselnüssen. Bestäube deine Bowls nach Belieben mit Zimt.

Wusstet ihr schon?

Das Wort Hirse kommt von dem indogermanischen Wort für Sättigung und Nahrung. Wer die samtige Hirse-Bowl zum Frühstück genießt, muss das verstehen. Denn genau so fühlt man sich: wunderbar genährt und lange satt.

Exotische Kokos-Hirse-Bowl

Zutaten

Utensilien:

1 Backblech, -papier

150 g Hirse

1 Prise Salz

600 g Kokosdrink

1 EL Cashewmus

40 g Kokosblütenzucker, Agavendicksaft oder Honig

Toppings:

½ frische Ananas, geschält, in Stücken

1 Handvoll Kokoschips, geröstet

1 Apfel, entkernt, in Scheiben

1 Banane, geschält, in Scheiben

50 g Heidelbeeren

½ TL Zimt

1. Wiege die Hirse ins Garkörbchen ein und spüle sie kurz unter fließend kaltem Wasser ab.

2. Dann gibst du die Hirse ohne Garkörbchen, das Salz und den Kokosdrink in den Mixtopf und erhitzt die Mischung 8 Minuten/ Varoma/ Linkslauf/ Stufe 2,5.

3. Anschließend lässt du die Hirse ohne Messbecher erneut 40 Minuten/ 70°C/ Linkslauf/ Stufe 2 kochen.

4. Füge das Cashewmus und den Zucker hinzu und gare die Kokos-Hirse weitere 5 Minuten/ 70°C/ Stufe 2. Nach dem Ende der Garzeit füllst du die Masse in 2 Schalen und stellst diese beiseite.

5. Heize den Backofen auf 250°C Ober-/Unterhitze vor. Schäle die Ananas, befreie sie vom Strunk und zerteile sie in einzelne Stücke. Verteile die Ananasstücke auf einem mit Backpapier belegten Backblech und grille sie dann 5 Minuten im Backofen, sodass sie leicht Farbe bekommen.

6. Jetzt röstest du die Kokoschips in einer heißen Pfanne ohne Fett an.

7. Halbiere und entkerne den Apfel und schneide ihn in Scheiben. Schäle die Banane und schneide sie in Scheiben.

8. Verteile die Ananasstücke, die Apfelscheiben, die Bananenscheiben und die Heidelbeeren auf dem Hirsebrei und dekoriere die Bowls mit gerösteten Kokoschips. Zum Schluss bestäubst du die Kokos-Hirse-Bowls mit Zimt.

mixtipp
Die Pandanblätter gelten als „Vanille Asiens". Sie schmecken nussig und tatsächlich intensiv nach Vanille. In Kombination mit Kokos ist Pandan besonders lecker.

Pandan-Tapioka-Pudding-Bowl

Pudding aus Tapiokaperlen ist eine echte Spezialität – er ähnelt Milchreis und schmeckt am besten mit Früchten, Fruchtkompott oder Smoothies. Hier sind die Tapiokaperlen schon gleich in der Geschmacksrichtung Pandan. Man kann aber auch ganz normale weiße nehmen.

Zutaten

30 g Tapiokaperlen, evtl. mit Pandan-Geschmack

100 g Kokosmilch

220 g Haferdrink

1 EL Agavendicksaft

1 Prise Salz

1 Stück frischer Ingwer (1 cm), geschält, gerieben

Toppings:

2 EL Kokoschips, geröstet

1 Kiwi, geschält, in Würfeln

1 Banane, geschält, in Scheiben

1. Weiche als Erstes die Tapiokaperlen 1 Stunde lang in kaltem Wasser ein und gieße das Wasser dann ab.
2. Jetzt gibst du die Tapiokaperlen mit der Kokosmilch, dem Haferdrink, dem Agavendicksaft und dem Salz in den Mixtopf und lässt die Mischung 10 Minuten/ 100°C/ Linkslauf/ Sanftrührstufe köcheln.
3. Währenddessen schälst du den Ingwer, reibst ihn und gibst ihn gegen Ende der Kochzeit in den Mixtopf dazu.
4. Nach Ende der Kochzeit lässt du den Tapioka-Pudding noch 20 Minuten ziehen.
5. In der Zwischenzeit röstest du die Kokoschips in einer beschichteten Pfanne ohne Fett an, bis sie duften.
6. Schäle nun die Kiwi und schneide sie in Würfel. Schäle die Banane und schneide sie in Scheiben.
7. Fülle den Tapioka-Pudding in 2 Schalen und toppe ihn mit den Kiwiwürfeln, Bananenscheiben und den Kokosschips.

mixtipp
Besonders lecker schmeckt die Bowl, wenn du noch geröstete und gehackte Haselnüsse darüber streust.

Overnight-Bircher Müsli-Bowl

Das Bircher Müsli verdankt seine Existenz dem Schweizer Arzt Maximilian Oskar Bircher, der die Idee dazu während einer Wanderung bekam. Damals, Anfang des 19. Jahrhunderts, hat er allerdings Kondensmilch anstatt Joghurt oder Pflanzenmilch verwendet. Bei ihm kamen auch keine Birne oder Rosinen hinein. Aber ein bisschen künstlerische Freiheit geht doch immer.

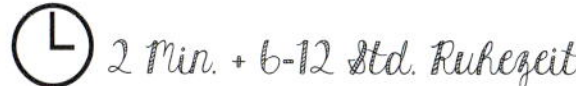

Zutaten

30 g Nüsse (Haselnüsse, Mandeln, Cashews)

12 Rosinen

1 Apfel, geviertelt, entkernt

100 g kernige Haferflocken

300 g Milch oder Pflanzenmilch

30 g Sahne

1 EL Zitronensaft

1 Birne für die Deko, in Spalten

Toppings:

1 Handvoll Haselnuss-Crunch (s. S. 55)

Honig nach Geschmack

1. Gib die Nüsse und die Rosinen in den Mixtopf, schneide den Apfel in Viertel und entkerne ihn, gib ihn dann in den Mixtopf dazu und zerkleinere alles 3 Sekunden/ Stufe 5. Schiebe die Reste mit dem Spatel nach unten.

2. Nun gibst du die Haferflocken, die Milch oder Pflanzenmilch, die Sahne und den Zitronensaft hinzu und vermischst alles 10 Sekunden/ Linkslauf/ Stufe 4. Verteile das Bircher Müsli auf Gläser oder Schüsseln und lass diese abgedeckt über Nacht im Kühlschrank ruhen.

3. Schneide am nächsten Morgen die Birne in Spalten und dekoriere die Bowls damit. Toppe die Bowls mit je 1 TL Haselnussmus und Haselnuss-Crunch und schlemme los! Wer es ein bisschen süßer mag, kann seine Bowls noch mit einem Löffel flüssigem Honig süßen.

mixtipp
Entweder am Abend vorbereitet und kalt oder mit etwas Zeit und Ruhe am Morgen warm genossen: Diese Bowl ist was für süße Schnuten.

Sweet-Rice-Bowl mit Mango und Birne

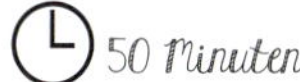

Zutaten

80 g Milchreis

400 g Mandeldrink

2 EL Zucker

1 Prise Salz

Toppings:

1 Birne, geschält, in Scheiben

1 Mango, geschält, entkernt, in Würfeln

1 TL Zimt

2 TL gehackte Mandeln zur Deko, optional

1. Gib den Milchreis zusammen mit dem Mandeldrink, dem Zucker und der Prise Salz in den Mixtopf und lass ihn 45 Minuten/ 100°C/ Linkslauf/ Sanftrührstufe garen.
2. Währenddessen schälst du die Birne und schneidest sie in Scheiben.
3. Schäle auch die Mango, entkerne sie und schneide sie in Würfel.
4. Lass den Milchreis nach Ende der Garzeit 5 Minuten abkühlen und verteile ihn auf 2 Schalen.
5. Garniere den Milchreis mit dem Obst und bestreue ihn mit Zimt.
6. Wenn du magst, kannst du noch gehackte Mandeln darüberstreuen.

Acai-Bowl

Das brasilianische Superfood ist voller Antioxidantien. Acai-Beeren, die Früchte der Kohlpalme, sind ein echtes Nährstoffwunder. Sie schmecken pur eher erdig, daher sucht euch alles, was euch besonders gut schmeckt und pimpt eure Acai-Bowl damit auf. Unverzichtbar ist jedoch ein knackiges Granola. Wer es schokoladig mag, kann auch Schokodrops dazunehmen, oder ihr bleibt mit Kokoschips, Mango oder Ananas auf der exotischen Seite. Ihr könnt entweder Acai-Pulver oder gefrorenes Acai-Püree verwenden. Ich ziehe Acai-Pulver vor, da es weniger Platz bei der Lagerung einnimmt. Ihr könnt es entweder online bestellen oder kauft es in einem gut sortierten Reformhaus.

2 Portionen

leicht

4 Minuten

Zutaten

2 Datteln

3 Bananen, in Stücken, tiefgefroren

3 EL Acai-Pulver

1 EL Cashewmus

100 g Mandeldrink

Toppings:

¼ frische Papaya, geschält, entkernt, in Würfeln

2 EL Kokoschips

1 EL Chiasamen

4 EL Granola (s. S. 53)

1. Gib die Datteln in den Mixtopf und zerkleinere sie mithilfe der Turbo-Einstellung (s. S. 63). Schiebe die Reste anschließend mit dem Spatel nach unten.
2. Füge nun die Bananenstücke, das Acai-Pulver, das Cashewmus und den Mandeldrink in den Mixtopf hinzu und püriere die Zutaten 20 Sekunden/ Stufe 8.
3. Jetzt kannst du die Mischung auf 2 Schalen aufteilen und die Bowls mit Papaya-Würfeln, Kokoschips, Chiasamen und Granola toppen.

mixtipp
Für das Kuchen-Feeling kannst du die Bowl im Backofen 10 Minuten/ 200°C Ober-/Unterhitze überbacken.

Pflaumen-Streusel-Bowl

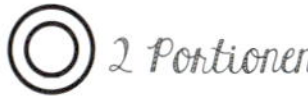

Zutaten

Für die Streusel:

40 g kernige Haferflocken

20 g Mandeln

30 g Kokosblütenzucker

1 EL Mandelmus

2 EL Wasser, kalt

1 TL Zimt

Für das Porridge:

80 g kernige Haferflocken

200 g Wasser

150 g Cashewdrink

1 Prise Salz

½ TL Zimt

1 EL Agavendicksaft

Toppings:

10 Pflaumen, halbiert, entkernt

Kokosblütenzucker und Zimt zum Darüberstreuen

1. Für die Streusel gibst du 30 g der Haferflocken und die Mandeln in den Mixtopf und mahlst sie 30 Sekunden/ Stufe 8. Schiebe die Reste mit dem Spatel nach unten.

2. Anschließend fügst du die restlichen 10 g Haferflocken, den Kokosblütenzucker, das Mandelmus, das Wasser und den Zimt in den Mixtopf hinzu, vermischst die Zutaten 10 Sekunden/ Stufe 4 und füllst die Streuselmischung in eine separate Schüssel um.

3. Jetzt bereitest du das Porridge zu. Hierfür gibst du die Haferflocken, das Wasser, den Cashewdrink, das Salz, den Zimt und den Agavendicksaft in den Mixtopf und kochst das Porridge 6 Minuten/ 80°C/ Linkslauf/ Stufe 1 cremig.

4. Währenddessen wäschst du die Pflaumen, entkernst und halbierst sie. Fülle das fertige Porridge in 2 Schalen und garniere es mit den Pflaumenhälften und den Streuseln. Zum Schluss bestreust du das Porridge mit Zimt und Kokosblütenzucker.

Piña-Colada-Overnight-Oats

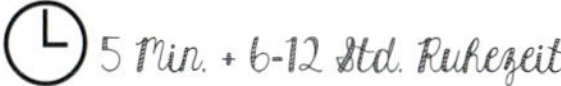

Zutaten

Für die Overnight-Oats:

3 EL Leinsamen

1 EL Kokosraspel

120 g zarte Haferflocken

250 g Joghurt oder Kokosjoghurt für die vegane Variante

100 g Kokosmilch

2 TL Honig

Toppings:

150 g Ananas, frisch oder aus der Dose, in Stücken

2 TL Honig

2 EL Kokoschips, evtl. geröstet

1. Gib den Leinsamen in den Mixtopf und schrote ihn 15 Sekunden/ Stufe 7. Schiebe die Reste mit dem Spatel nach unten.
2. Jetzt fügst du die Kokosraspel, die Haferflocken, den Joghurt, die Kokosmilch und den Honig zu den Leinsamen in den Mixtopf hinzu und vermischst alles 6 Sekunden/ Stufe 4.
3. Verteile anschließend die Mischung in 2 Schalen und lass sie abgedeckt im Kühlschrank über Nacht quellen.
4. Am nächsten Morgen dekorierst du dann die Bowls mit den Ananasstücken, dem Honig und den Kokoschips.

Schoko-Porridge-Bowl

Zutaten

Für das Porridge:

60 g zarte Haferflocken

1 TL Chiasamen

300 g Haferdrink

1 Prise Salz

½ TL Zimt

2 TL Kokosblütenzucker

1 EL Kakaopulver

Toppings:

frische Früchte nach Wahl

1 TL Haselnussmus oder Schokocreme

gefriergetrocknete Früchte als Crunch

1. Gib die Haferflocken, die Chiasamen, den Haferdrink, das Salz, den Zimt, den Kokosblütenzucker und das Kakaopulver in den Mixtopf und koche das Porridge 6 Minuten/ 90°C / Linkslauf/ Stufe 1 cremig.

2. Nach dem Ende der Kochzeit füllst du das Schoko-Porridge in 2 Schalen und toppst diese mit frischen Früchten deiner Wahl, dem Haselnussmus oder der Schokocreme und den gefriergetrockneten Früchten als Crunch.

Herzhafte Bowls

Poké-Bowl mit Lachs - das Original

Die Poké-Bowl ist die Ursprungs-Bowl von der Insel Hawaii, die von dort die ganze Welt erobert hat und als Grundlage für alle heute so im Trend liegenden Bowls gilt. Ein echtes Originalrezept gibt es nicht, aber ein paar Hauptbestandteile sind: Reis, Fisch, der ähnlich wie bei japanischem Sashimi roh gegessen wird, eine Marinade aus Sojasauce, Ölen und exotischen Gewürzen, knackiges Gemüse und Salat, Obst oder andere Toppings.

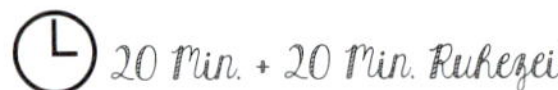

Zutaten

Für das Dressing:

1 Knoblauchzehe

2 EL Pflanzenöl

2 EL Sesamöl

3 EL Sojasauce, salzig

2 TL Honig

Saft von 1 Limette

1 EL Reisessig

Für die Basis:

2 Portionen Sushi-Reis, zubereitet wie im Basisrezept auf Seite 14

Toppings:

100 g frisches rohes Lachsfilet ohne Haut (beim Kauf nachfragen, ob der Fisch für Sushi geeignet ist), in mittelgroße Würfel geschnitten - wer keinen Lachs in Sushi-Qualität findet, kann auch auf geräucherten oder Graved Lachs ausweichen. Ich mache das öfter und es schmeckt mir genauso gut. Außerdem kann man den Lachs auch kurz anbraten. Nicht jeder mag rohen Fisch.

1 TL weiße Sesamsamen

1 TL schwarze Sesamsamen

2 Hände voll roher Rotkohl, in Streifen

1 Avocado, entkernt, in Würfeln

1 Mango, entkernt, in Würfeln

¼ Gurke, geschält, in Würfeln

1 Frühlingszwiebel, in Ringen

1 Möhre, in dünnen langen Streifen

4 Radieschen, in dünnen Scheiben

1 Handvoll Mungo-Alfalfa- oder Rettichsprossen

1. Lege als Erstes den Lachs für ½ Stunde in den Tiefkühler, so kannst du ihn später besser schneiden.

2. Gib die Knoblauchzehe zusammen mit dem Pflanzenöl in den Mixtopf. Zerkleinere sie mithilfe der Turbo-Einstellung (s. S. 63) und schiebe die Reste anschließend mit dem Spatel nach unten.

Fortsetzung Seite 88

Fortsetzung Poké-Bowl mit Lachs - das Original

3. Nun gibst du das Sesamöl, die Sojasauce, den Honig, den Limettensaft und den Reisessig in den Mixtopf dazu und vermischst das Dressing 5 Sekunden/ Stufe 4. Dann füllst du das Dressing in eine separate Schüssel um.

4. Bereite den Sushi-Reis wie im Basis-Rezept beschrieben zu.

5. Nimm jetzt den Lachs aus dem Tiefkühlfach und schneide ihn in etwa 1,5 cm große Würfel. Vermische die Lachswürfel mit dem beiseitegestellten Dressing, decke sie dann ab und stelle sie in den Kühlschrank.

6. Jetzt röstest du die weißen und schwarzen Sesamsamen ohne Fett in einer beschichteten oder Eisenpfanne leicht an, bis sie duften und stellst sie dann in einer separaten Schüssel beiseite.

7. Schneide nun den Rotkohl in sehr feine Streifen. Gib die Rotkohlstreifen mit Salz in eine weitere separate Schüssel und knete sie so lange durch, bis der Kohl weich ist. Bereite jetzt auch das Gemüse und das Obst für das Topping vor. Schäle dafür die Avocado, entkerne sie und schneide sie in Würfel, ebenso verfährst du mit der Mango. Schneide die Gurke in Würfel. Schneide die Frühlingszwiebel in feine Ringe, die Radieschen in dünne Scheiben und schäle von der Möhre lange dünne Streifen ab. Wasche die Sprossen gründlich unter fließendem Wasser ab.

8. Anschließend füllst du den Reis in 2 Schalen und drapierst die Avocado-, Gurken- und Mangowürfel, die Frühlingszwiebel- und Möhrenstreifen und die Sprossen auf den Bowls. Erst ganz zum Schluss verteilst du die marinierten Lachswürfel mit der Marinade auf den Bowls und bestreust sie mit Sesam.

Was ich noch sagen wollte:
Da es bei Koriander nur die Liebhaber oder die Hater gibt, kann ich, obwohl es beim Originalrezept dazugehört, leider keinen Koriander hier ins Rezept schreiben, ich bin ganz klar ein Korianderhasser. Für alle Liebhaber: Dekoriert die Bowl mit ein paar Blättern frischem Koriander – es soll toll schmecken.

Mexikanische Burrito-Bowl

Mexikanische Burrito-Bowl

2 Portionen

mittel

25 Min. + 10 Minuten Ruhezeit

Zutaten

Für die Basis:

2 Portionen Parboiled Reis, zubereitet wie im Basisrezept auf Seite 13

4 Stiele Petersilie, gehackt

Für die Salsa:

½ rote Zwiebel

Saft von ½ Limette

1 TL Olivenöl

2 Tomaten, in kleinen Würfeln

½ TL Zucker

Salz, Pfeffer

Für die Guacamole:

½ rote Zwiebel

1 kleine Knoblauchzehe

1 Avocado, geschält, entkernt, in Stücken

Saft von ½ Limette

Salz, Pfeffer

Toppings und Crunch:

1 Hähnchenbrustfilet, in kleinen Stücken

½ TL Kreuzkümmel

Salz, Pfeffer

1 EL Olivenöl zum Braten

140 g Mais aus der Dose, Abtropfgewicht

6 Blätter Eisbergsalat

4 EL saure Sahne

einige Tortilla-Chips

¼ TL Chiliflocken

1. Bereite den Reis wie im Basis-Rezept beschrieben zu.
2. Hacke nun die Petersilie und vermische sie mit dem Reis.
3. Jetzt schneidest du das Hähnchenbrustfilets in kleine Stücke, würzt sie mit Kreuzkümmel, Salz und Pfeffer und brätst sie in einer heißen Pfanne mit Öl 3–4 Minuten scharf an. Stelle die Pfanne dann zur Seite.
4. Für die Salsa gibst du nun die Zwiebelhälfte in den Mixtopf und zerkleinerst sie 2 Sekunden/ Stufe 5. Schiebe anschließend die Reste mit dem Spatel nach unten.
5. Füge den Limettensaft und das Öl hinzu und vermische alles 3 Sekunden/ Stufe 2. Danach füllst du die Zwiebel-Limetten-Mischung in eine separate Schüssel um.
6. Schneide nun die Tomaten in kleine Würfel und vermenge sie mit den Zwiebeln und dem Limettensaft in der Schüssel. Würze das Ganze mit dem Zucker, dem Salz und dem Pfeffer.
7. Für die Guacamole gibst du die Zwiebelhälfte und den Knoblauch in den Mixtopf und zerkleinerst alles 2 Sekunden/ Stufe 5. Anschließend schiebst du die Reste mit dem Spatel nach unten.
8. Schäle und entkerne die Avocado und gib sie in Stücken in den Mixtopf dazu. Zerkleinere die Avocado 3 Sekunden/ Stufe 5. Schiebe die Reste mit dem Spatel nach unten.
9. Gib den Limettensaft dazu und vermenge alles 2 Sekunden/ Stufe 2. Schmecke die Guacamole mit Salz und Pfeffer ab.

10. Gieße nun den Mais aus der Dose ab. Den Salat wäschst du und schneidest die Hälfte davon in Streifen. Die restlichen Salatblätter legst du in 2 Schalen aus.

11. Teile den Reis auf die Salatblätter in den Schalen auf und toppe das Ganze mit Mais, Salat und dem Hähnchen. Garniere die Bowls mit der Salsa, der Guacamole, der sauren Sahne, den Chips und wenn du magst mit Chiliflocken.

Poké-Bowl mit Garnelen

Zutaten

Für die Marinade:

2 Bio-Limetten, Abrieb und Saft

200 g Reisessig

5 EL Sojasauce

4 EL Tahin (Sesampaste)

½ TL Kartoffelstärke

2 TL Honig

Für die Basis:

2 Portionen Sushi-Reis, zubereitet wie im Basisrezept auf Seite 14

Toppings:

½ Salatkopf, kleingeschnitten

1 Mango, entkernt, in kleinen Würfeln

1 Frühlingszwiebel, in Ringen

1 Avocado, entkernt, in Würfeln

weiße und schwarze Sesamsamen, geröstet

1 EL Öl zum Anbraten

200 g Garnelen, geschält

eingelegter Ingwer, nach Belieben

Koriander oder Petersilie, abgezupft, nach Belieben

1. Zuerst gibst du den Limettenabrieb und den Limettensaft, den Reisessig, die Sojasauce, die Sesampaste, die Stärke und den Honig in den Mixtopf und kochst die Marinade 5 Minuten/ 100°C/ Stufe 1. Fülle die Marinade anschließend in eine separate Schüssel um und lass sie abkühlen.

2. Bereite nun den Sushi-Reis wie im Basisrezept beschrieben zu.

3. Während der Reis ruht, wäschst du den Salat, lässt ihn abtropfen und schneidest ihn klein.

4. Schäle die Mango, entkerne sie und schneide sie in kleine Würfel von 1–2 cm Länge. Die Frühlingszwiebeln schneidest du in Ringe, die Avocado löst du aus der Schale, entkernst sie und schneidest sie in Würfel.

5. Röste nun weiße und schwarze Sesamsamen ohne Fett in einer beschichteten Pfanne oder Eisenpfanne leicht an, bis sie anfangen zu duften. Fülle die Sesamsamen dann um und stelle sie zur Seite.

6. Erhitze das Öl in der Pfanne, brate die Garnelen 2 Minuten an und wende sie zwischendurch. Anschließend legst du sie in die Marinade.

7. Lege 2 Schalen mit Salat aus und verteile anschließend den Reis darauf. Darüber schichtest du die Mango- und die Avocadowürfel und die Garnelen mit der Marinade. Dekoriere die Bowls mit den Frühlingszwiebeln und dem eingelegten Ingwer nach Belieben. Je nach Geschmack kannst du Korianderblätter oder Petersilie darüberstreuen. Verteile zum Schluss als Crunch den gerösteten Sesam auf den Bowls.

mixtipp

Ein bisschen verwegen, aber sehr lecker ist Hummus dazu – original oder als Spinathummus.

Thunfisch-Bowl mit Avocado

Zutaten

Utensilien:
Küchenpapier

Für das Dressing:
4 TL Olivenöl
5 EL Apfelessig
2 EL Orangensaft
1 TL Zitronensaft
1 TL brauner Zucker
Salz und Pfeffer

Für die Basis:
2 Portionen Basmatireis, zubereitet wie im Basisrezept auf Seite 12

Toppings:
2 Thunfischsteaks
1 TL Pfeffer, grob gemahlen
1 EL Öl zum Anbraten
2 EL Sesamöl
4 EL Sojasauce
1 TL Honig
6 EL Orangensaft
4 große Blätter Eisbergsalat
1 Avocado, entkernt, in Scheiben
1 Mango, entkernt, in Stücken
50 g Edamame, vorgekocht
1 Frühlingszwiebel, in Ringen

1. Bereite erst das Dressing zu. Gib dafür das Olivenöl, den Apfelessig, den Orangen- und Zitronensaft, den Zucker, das Salz und den Pfeffer in den Mixtopf und vermische alles 4 Sekunden/ Stufe 5. Fülle das Dressing im Anschluss in eine separate Schüssel um und spüle den Mixtopf aus.

2. Bereite den Basmatireis wie im Basisrezept beschrieben zu.

3. Während der Reis ruht, wäschst du die Thunfischsteaks mit kaltem Wasser ab und tupfst diese mit Küchenpapier trocken. Reibe die Steaks mit dem gemahlenen Pfeffer ein und brate sie in der heißen Pfanne mit Öl von beiden Seiten je 1–2 Minuten an. Gib die Steaks anschließend auf einen Teller und lass sie ruhen.

4. Gib nun das Sesamöl, die Sojasauce, den Honig und den Orangensaft in die noch heiße Pfanne und lass die Mischung kurz einkochen. Gieße die Mischung dann über die Thunfischsteaks und lass diese bis zum Servieren darin marinieren.

5. Jetzt schälst du die Avocado, entkernst sie und schneidest sie in Scheiben.

6. Schäle auch die Mango, löse das Fruchtfleisch vom Kern und schneide die Mango in Stücke. Lege 2 Schalen mit dem Eisbergsalat aus und gib den Reis darauf. Belege den Reis mit den Thunfischsteaks, den Avocadoscheiben, den Mangostücken und den Edamame-Bohnen und gieße das Dressing darüber. Schneide zum Schluss die Frühlingszwiebel in Ringe und garniere die Bowls damit.

Wasabi-Bibimbap-Bowl mit Steakstreifen

Bibimbap ist das klassische Resteessen aus Korea und als Inspiration für eine Bowl perfekt.

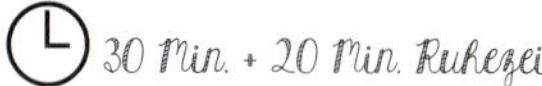

Zutaten

Utensilien:

Alufolie

Für das scharfe Wasabi-Dressing:

1 Portion Dressing, zubereitet wie im Basisrezept auf Seite 25

Für die Basis:

2 Portionen Sushi-Reis, zubereitet wie im Basisrezept auf Seite 14

Toppings:

1000 g Wasser

2 Eier, pflaumenweich gekocht

300 g Gemüse, z.B. Brokkoli oder Pak Choi

1 Hüftsteak à 200 g

1 EL Öl zum Anbraten

1 Prise Pfeffer, grob

2–4 große Chinakohlblätter

etwas Meersalz, grob

1 Frühlingszwiebel, in Ringen

1. Gib 500 g Wasser in den Mixtopf, setze das Garkörbchen in den Mixtopf ein, gib die Eier ins Garkörbchen und gare sie 13 Minuten/ Varoma/ Stufe 1. Schrecke anschließend die Eier kurz ab und leere den Mixtopf.

2. Bereite das Dressing wie im Basisrezept beschrieben zu. Bereite den Sushi-Reis wie im Basisrezept beschrieben bis einschließlich Schritt 4 zu. Belasse das Kochwasser für das Gemüse im Mixtopf.

3. Während der Reis auskühlt, bereitest du das Gemüse zu. Dafür gibst du das Gemüse deiner Wahl in das Garkörbchen, hängst dieses über dem Wasser in den Mixtopf ein und garst das Gemüse 3–5 Minuten/ 100°C / Stufe 1. Fülle das Gemüse dann in eine separate Schüssel um und reinige den Mixtopf. Fahre nun mit dem Basisrezept ab Schritt 5 fort.

4. Reibe das Steak großzügig mit grobem Pfeffer ein und brate es in einer heißen Pfanne mit wenig Fett oder in einem Kontaktgrill kurz von beiden Seiten scharf an. Anschließend wickelst du das Steak in Alufolie ein und lässt es noch 5–10 Minuten ruhen.

5. Wasche nun die Chinakohlblätter und trockne sie ab. Lege die Chinakohlblätter dann in den Schalen aus und fülle den Reis ein. Das fertige Gemüse verteilst du darauf.

6. Jetzt pellst du die Eier, schneidest sie jeweils in 2 Hälften und legst sie auf das Gemüse. Wickle nun das Steak aus und schneide es mit einem scharfen Messer in Streifen.

7. Richte das Fleisch auf den Bowls an und bestreue es leicht mit grobem Meersalz. Nun verteilst du das Dressing auf die Bowls, schneidest die Frühlingszwiebel in feine Ringe und streust sie über die Bowls für den Cruncheffekt.

Sesam-Hähnchen-Bowl goes Vollkorn-Risi Bisi

Zutaten

Für das Dressing:

1 EL Rapsöl mit Buttergeschmack

1 EL Sojasauce

2 EL Weißweinessig

1 Prise Salz und Pfeffer

Für die Basis:

1500 g Wasser

1 TL Salz

150 g Vollkornreis

150 g TK-Erbsen

20 g Butter

Toppings:

50 g Parmesan, in Stücken

50 g Gurke, in Würfeln oder Scheiben

2 EL Schnittlauch, in Röllchen

1 Hähnchenbrustfilet à ca. 200 g, in 1 cm dicken Scheiben

Salz und Pfeffer

3 EL Sesam

2 EL Pflanzenöl

1. Gib die Parmesanstücke in den Mixtopf, zerkleinere sie 10 Sekunden/ Stufe 10 und fülle sie in eine separate Schüssel um.

2. Jetzt bereitest du das Dressing zu. Gib dafür das Rapsöl, die Sojasauce, den Weißweinessig, das Salz und den Pfeffer in den Mixtopf und verrühre das Dressing 5 Sekunden/ Stufe 5. Fülle das Dressing anschließend in eine weitere separate Schüssel um.

3. Gieße nun das Wasser mit dem Salz in den Mixtopf. Wiege den Reis in das Garkörbchen ein und wasche den Reis unter fließendem kaltem Wasser ab, bis das Wasser klar ist. Hänge dann das Garkörbchen in den Mixtopf ein und gare den Reis 40 Minuten/ 100°C/ Stufe 1.

4. Gib in den letzten 10 Minuten die TK-Erbsen in das Garkörbchen dazu und gare sie mit.

5. Anschließend lässt du das Garkörbchen abtropfen, füllst die Reis-Erbsen-Mischung in eine Schüssel um, gibst Butter hinzu und vermengst alles vorsichtig.

6. Schneide die Gurke in Würfel oder Scheiben und stellst diese beiseite. Schneide den Schnittlauch in Röllchen und stelle diese ebenfalls beiseite.

7. Lege die gewaschenen Salatblätter in 2 Schalen und fülle sie mit dem Risi-Bisi.

8. Schneide das Hähnchenbrustfilet in 1 cm dicke Scheiben, würze sie mit Salz und Pfeffer und wende sie im Sesam.

9. Erhitze jetzt das Pflanzenöl und brate die Filets 5 Minuten von allen Seiten an und lege sie anschließend zur Seite.

10. Erhitze das Dressing kurz in der heißen Pfanne und gieße es anschließend auf das Risi-Bisi. Verteile das Hähnchenbrustfilet und die Gurke auf dem Risi-Bisi und toppe das Ganze mit Schnittlauchröllchen und Parmesan. Serviere die Bowls noch heiß!

Shoyu-Ramen-Bowl mit Rinderfilet

 2 Portionen  mittel  7 Minuten

Zutaten

500 g Wasser

2 Eier, pflaumenweich gekocht

1 Stück frischer Ingwer, haselnussgroß, geschält

3 EL Sojasauce, süß

1 EL Sojasauce, dunkel

1 TL Ahornsirup

100 g Rinderfilet, in Streifen

25 g Shiitake-Pilze, in Scheiben

1 TL Öl

100 g Ramen-Nudeln

400 g Rinderbrühe

1 Frühlingszwiebel, in feinen Ringen

1 Möhre, geschält, in feinen Streifen

1 Mini-Pak Choi, in Streifen

1. Koche die Eier pflaumenweich. Fülle dafür den Mixtopf mit dem Wasser, setze das Garkörbchen in den Mixtopf ein, gib die Eier ins Garkörbchen und gare sie 13 Minuten/ Varoma/ Stufe 1 pflaumenweich. Schrecke anschließend die Eier kurz ab und leere den Mixtopf.

2. Für die Würzsauce schälst du den Ingwer und hackst ihn im Mixtopf mithilfe der Turbo-Einstellung klein (s. S. 63). Schiebe die Reste mit dem Spatel nach unten und füge die Sojasaucen und den Ahornsirup in den Mixtopf dazu. Koche die Würzsauce 1 Minute/ Varoma/ Stufe 1 auf und fülle sie anschließend um.

3. Jetzt schneidest du das Rinderfilet in Streifen, säuberst die Pilze und schneidest sie in Scheiben. Gib das Öl in eine heiße Pfanne und brate das Rindfleisch scharf an. Nimm anschließend das Fleisch heraus und stelle es zur Seite.

4. Brate nun die Pilze in der Pfanne an und stelle sie dann ebenfalls zur Seite.

5. Bereite die Ramen-Nudeln nach Packungsanweisung zu.

6. Lass die Rinderbrühe im Mixtopf 6 Minuten/ 100 °C/ Stufe 1 aufkochen.

7. Schneide die Frühlingszwiebel in feine Ringe, schäle die Möhre und schneide sie in feine Streifen, wasche den Pak Choi und schneide ihn in Streifen. Gib die Frühlingszwiebel, die Möhre und den Pak Choi gemeinsam in die Brühe und erhitze das Gemüse 30 Sekunden/ Linkslauf/ Sanftrührstufe.

8. Jetzt verteilst du die fertigen Ramen-Nudeln auf 2 Schalen und übergießt sie mit dem Gemüse und dem Rinderfond. Anschließend richtest du die Pilze und das Fleisch darauf an und gibst die Würzsauce darüber.

9. Zum Schluss pellst du die Eier, halbierst sie und dekorierst deine Bowls jeweils mit 2 Ei-Hälften.

Hähnchen-Curry-Bowl

Zutaten

Für die Basis:

2 Portionen Basmatireis, zubereitet wie im Basisrezept auf Seite 12

Toppings:

200 g Hähnchenbrustfilet

1 EL Sojasauce

1 TL chinesisches Fünf-Gewürze-Pulver,

1 TL Ingwer, frisch, gerieben

1 TL Öl + Öl zum Braten

1 Prise Zucker

2 Portionen Grünes Curry-Dressing, zubereitet wie im Basisrezept auf Seite 25

10 Kirschtomaten, halbiert

1 Avocado, entkernt, halbiert

1 Limette, in Vierteln

1 rote Zwiebel, gewürfelt

60 g Mais, aus der Dose, abgetropft

Salz & Pfeffer

2 EL Sesam zum Bestreuen

1 Bund Basilikum, optional, für die Deko

1 Chilischote, in Ringen, optional, für die Deko

1. Tupfe das Hähnchenbrustfilet trocken. Gib Sojasauce, Fünf-Gewürze-Pulver, Ingwer, 1 TL Öl und Zucker in den Mixtopf und vermische die Zutaten 5 Sekunden/ Stufe 4. Reibe das Hähnchenfleisch mit der Marinade aus dem Mixtopf ein und lass es einen Moment ruhen.

2. Reinige den Mixtopf und bereite den Reis wie im Basisrezept beschrieben zu.

3. Während der Reis ruht, kannst du auch das Grüne Curry-Dressing wie im Basisrezept beschrieben zubereiten.

4. Erhitze Öl in einer Pfanne und brate darin das marinierte Hähnchenbrustfilet 2 Minuten scharf an. Reduziere die Hitze und brate das Hähnchenfilet weitere 6 Minuten mit Deckel an. Wende das Filet nach 3 Minuten. Nimm das fertige Filet aus der Pfanne und schneide es in Scheiben.

5. Wasche die Kirschtomaten und halbiere sie. Schäle und entkerne die Avocado und halbiere sie. Viertele die Limette. Schäle die Zwiebel und schneide sie in Würfel. Lass den Mais abtropfen.

6. Verteile den Reis auf 2 Schalen. Toppe den Reis mit den Hähnchenbrustscheiben, den Kirschtomaten, je einer Avocadohälfte, dem Mais und den Zwiebelwürfeln. Garniere die Bowls mit Sesam und optional Basilikum und Chiliringen. Gib das Dressing über die Bowls oder reiche es dazu.

Lachs-Bowl

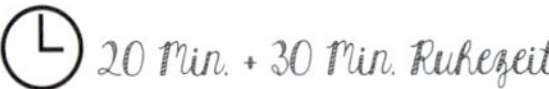

Zutaten

Für die Marinade:

2 EL Sesamöl

3 EL Sojasauce, salzig

2 TL Honig

Saft von 1 Limette

1 EL Reisessig

Für die Basis:

2 Portionen Sushi-Reis, zubereitet wie im Basisrezept auf Seite 14

Toppings:

100 g frisches rohes Lachsfilet ohne Haut (beim Kauf nachfragen, ob der Fisch für Sushi geeignet ist), in mittelgroße Würfel geschnitten - wer keinen Lachs in Sushi-Qualität findet, kann auch auf geräucherten oder Graved Lachs ausweichen. Ich mache das öfter und es schmeckt mir genauso gut. Außerdem kann man den Lachs auch kurz anbraten. Nicht jeder mag rohen Fisch.

1 Möhre, geschält, in Streifen

100 g Salatmischung

30 g Ananasstücke, aus der Dose, abgetropft

1 rote Zwiebel, in Streifen

50 g Walnüsse oder Erdnüsse, grob gehackt

2 Portionen Erdnuss-Dressing, zubereitet wie im Basisrezept auf Seite 25

50 g Edamame

Sesam zum Bestreuen

1. Lege als Erstes den Lachs für ½ Stunde in den Tiefkühler, so kannst du ihn später besser schneiden.
2. Gib das Sesamöl, die Sojasauce, den Honig, den Limettensaft und den Reisessig in den Mixtopf und vermische die Marinade 5 Sekunden/ Stufe 4. Dann füllst du die Marinade in eine separate Schüssel um.
3. Bereite den Sushi-Reis wie im Basisrezept beschrieben zu.
4. Nimm jetzt den Lachs aus dem Tiefkühlfach und schneide ihn in etwa 1,5 cm große Würfel. Vermische die Lachswürfel mit dem beiseitegestellten Dressing, decke sie dann ab und stelle sie in den Kühlschrank.
5. Schäle die Möhre und schneide sie in Streifen. Wasche den Salat und lass die Ananasstücke abtropfen. Schäle die Zwiebel und schneide sie in Streifen. Hacke die Erdnüsse oder Walnüsse grob.
6. Bereite das Erdnuss-Dressing wie im Basisrezept beschrieben zu.

7. Verteile den Sushi-Reis auf 2 Schalen. Toppe den Reis mit den Lachswürfeln, den Möhrenstreifen, dem Salat, den Ananasstücken, den Zwiebelstreifen, den Edamame-Bohnen und den gehackten Nüssen. Garniere die Bowls mit dem Sesam und dem Erdnuss-Dressing.

Vegetarische Bowls

Miso-Glasnudel-Bowl

Die Geschmacksrichtung Miso ist mein absoluter Favorit. Und Glasnudeln begeistern mich. Das ist zwar streng genommen, keine Ramen-Bowl – ist aber megalecker. Wer es trotzdem original asiatisch halten will, nimmt die Stäbchen dazu, schlürft damit die festen Teile des Gerichts in den Mund und trinkt am Ende die Brühe aus der Schüssel. Ich gebe zu, ich halte es europäisch und nehme einen Löffel.

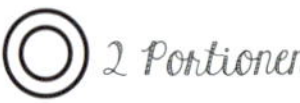

Zutaten

500 g Wasser

1 Ei, pflaumenweich gekocht

1 großes Stück Ingwer (5 cm), geschält, in Scheiben

2 Schalotten, geschält

1 Knoblauchzehe

1 EL Sesamöl

4 TL Miso-Paste (erhältlich im Asialaden)

1 l Gemüsebrühe

1 Möhre, geschält, in feinen Stiften

½ kleine Lauchstange, geputzt, in hauchdünnen Ringen

60 g Champignons, geputzt, in dünnen Scheiben

150 g Shiitake-Pilze, alternativ Champignons oder andere Pilze

100 g Glasnudeln

1–2 EL Sojasauce

1 Frühlingszwiebel, geputzt, in feinen Ringen

1 TL Schwarzkümmel

1. Koche das Ei pflaumenweich. Fülle dafür den Mixtopf mit dem Wasser, setze das Garkörbchen in den Mixtopf ein, gib das Ei ins Garkörbchen und gare es 13 Minuten/ Varoma/ Stufe 1 pflaumenweich. Schrecke anschließend das Ei kurz ab und leere den Mixtopf.
2. Schäle den Ingwer und schneide ihn in Scheiben. Gib ihn dann mit den geschälten Schalotten und der Knoblauchzehe in den Mixtopf. Zerkleinere alles 2-mal mit der Turbo-Einstellung (s. S. 63). Schiebe die Reste mit dem Spatel nach unten.
3. Gib das Sesamöl hinzu und dünste die Mischung 4 Minuten/ Varoma/ Stufe 1 an.
4. Jetzt fügst du die Miso-Paste und die Gemüsebrühe hinzu und kochst das Ganze 10 Minuten/ 100 °C/ Stufe 1.
5. Schäle währenddessen die Möhre und schneide sie in feine Stifte, wasche den Lauch und schneide ihn in hauchdünne Ringe. Säubere anschließend die Champignons und schneide sie in dünne Scheiben.
6. Gieße nach Ende der Kochzeit die Brühe durch ein Sieb ab und gib sie zurück in den Mixtopf. Füge das geschnittene Gemüse hinzu und lass alles 3 Minuten/ 100 °C/ Stufe 1 kurz aufkochen.
7. In der Zwischenzeit bereitest du die Glasnudeln nach Packungsanleitung zu und gibst sie in die Schalen.
8. Verteile nun das Gemüse mit der Hälfte der Brühe auf die Schalen. Bewahre den Rest der Brühe im Kühlschrank für die nächsten Ramen-Bowls auf. Schmecke die Bowls mit Sojasauce nach Belieben ab.

9. Pelle das pflaumenweich gekochte Ei, schneide es in 2 Hälften und verteile sie auf die Bowls. Schneide die Frühlingszwiebel in feine Ringe und toppe deine Bowls mit Frühlingszwiebeln und Schwarzkümmel.

Bulgur-Bowl mit Linsen-Dip

 2 Portionen  mittel  40 Minuten

Zutaten

Für den Dip:

100 g rote Linsen

etwas Wasser zum Einweichen

½ rote Zwiebel, in feinen Streifen

1 Knoblauchzehe

3 EL Olivenöl

½ TL Thymian, getrocknet

250 g Gemüsebrühe

50 g Schafskäse, in Stücken

3 EL Tomatenmark

Für die Basis:

2 Portionen Bulgur mit Tomaten, zubereitet wie im Basisrezept auf Seite 16

Toppings:

7–8 getrocknete Datteln

1 EL Essig

½ rote Zwiebel, in feinen Streifen

½ Paprika, in Würfeln

¼ Gurke, in Würfeln

2 EL geröstete Kichererbsen

4 EL Joghurt

1. Weiche als Erstes die roten Linsen in einer separaten Schüssel in kaltem Wasser ein und stelle sie beiseite.

2. Gib dann die Datteln in den Mixtopf und zerkleinere sie 3 Sekunden/ Stufe 5. Fülle die Dattelstückchen in eine weitere separate Schüssel um und vermenge sie mit dem Essig und der in feine Streifen geschnittenen Zwiebel. Stelle die Schüssel beiseite.

3. Bereite jetzt den Linsen-Dip zu. Schäle dafür die Zwiebeln und den Knoblauch und gib beides in den Mixtopf. Zerkleinere die Zutaten 3 Sekunden/ Stufe 5 und schiebe dann die Reste mit dem Spatel nach unten.

4. Gib nun das Öl in den Mixtopf hinzu und gare die Zutaten 4 Minuten/ Varoma/ Stufe 2.

5. Gieße die eingeweichten roten Linsen ab und gib sie zusammen mit dem Thymian in den Mixtopf. Füge die Gemüsebrühe hinzu und lass das Ganze 17 Minuten/ 100°C/ Stufe 1 köcheln.

6. Gib den Schafskäse in Stücken und das Tomatenmark in den Mixtopf hinzu und püriere das Ganze 20 Sekunden/ Stufe 7. Fülle dann den fertigen Dip um und stelle ihn beiseite. Spüle den Mixtopf kurz durch.

7. Bereite den Bulgur wie im Basisrezept beschrieben zu.

8. Wasche die Paprika und die Gurke und schneide beides in Würfel. Verteile den Bulgur auf 2 Schalen und toppe ihn mit Paprika, Gurke, Dattelmix und Linsendip. Serviere die Bowls mit gerösteten Kichererbsen und Joghurt.

Veggie-Buchweizen-Bowl

Bowls sind einfach die ideale Gelegenheit, alles an Gemüseresten aufzubrauchen. Bei der Veggie-Buchweizen-Bowl sorgen Kohlenhydrate ohne Gluten für ein sattes Gefühl ohne anschließende Müdigkeit. Mit gebratenem Gemüse, cremigem Dip und würzigem Dressing ist diese Bowl ein Kandidat für eure absolute Lieblings-Buddha-Bowl.

2 Portionen

mittel

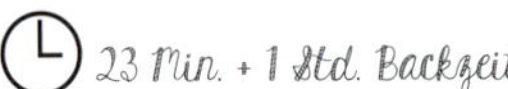
23 Min. + 1 Std. Backzeit

Zutaten

Utensilien:

1 Backblech, -papier

Für das Dressing:

1 TL Sojasauce
2 TL warmes Wasser
1 EL Tahin (Sesammus)
1 EL Weißweinessig
Saft von ½ Limette
3 EL Olivenöl
¼ TL Salz
1 EL Ahornsirup

Für die Basis:

2 Portionen Buchweizen, zubereitet wie im Basisrezept auf Seite 18

Toppings:

6 Scheiben von der Aubergine (Baba Ghanoush)
1 Brokkoli, in kleinen Röschen
1 mittelgroße Möhre, geschält, in dünnen Scheiben
1 rote Zwiebel, in dünnen Ringen
1 TL Mehl
2 EL Olivenöl
2 TL Sonnenblumenkerne
4 Walnusshälften
8 schwarze Oliven ohne Stein
2 Radieschen, in feinen Scheiben

2 Portionen Baba Ghanoush, zubereitet wie im Basisrezept auf Seite 28

1. Schneide von der Aubergine 6 dünne Scheiben ab, die später gebraten werden. Bereite dann das Baba Ganoush weiter wie im Basisrezept beschrieben zu.
2. Für das Dressing gibst du nun die Sojasauce, das warme Wasser, das Tahin, den Weißweinessig, den Limettensaft, das Olivenöl, das Salz und den Ahornsirup in den Mixtopf und vermischst das Dressing 5 Sekunden/ Stufe 4. Anschließend füllst du das Dressing in ein separates Gefäß um und stellst es zur Seite.
3. Bereite den Buchweizen wie im Basisrezept beschrieben zu.
4. Wasche den Brokkoli und teile ihn in kleine Röschen, schäle die Möhre und schneide sie in dünne Scheiben. Die Zwiebel schneidest du ebenfalls in dünne Ringe und wälzt sie in 1 TL Mehl. Brate den Brokkoli, die Möhre, die Zwiebel und die Auberginenscheiben gemeinsam in einer Pfanne mit 2 EL Öl 3–5 Minuten an.
5. Für den Crunch röste nun die Sonnenblumenkerne und die Walnusshälften in einer heißen Pfanne ohne Fett an, bis sie duften.

6. Schneide die Radieschen in feine Scheiben. Richte dann das gebratene Gemüse zusammen mit den Radieschen und den Oliven auf dem Buchweizen in den Schalen an und garniere sie mit dem Crunch. Dann gießt du das Dressing über die Bowls und servierst den Dip dazu.

Auberginen-Süßkartoffel-Bowl

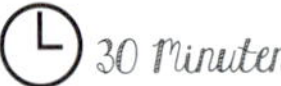

Zutaten

Utensilien:
Küchenpapier

Für das Sesam-Joghurt-Dressing:

1 Portion Sesam-Joghurt-Dressing, zubereitet wie im Basisrezept auf Seite 23

Für die Basis:

150 g Quinoa

800 g Wasser

1 TL Salz oder 1 Würfel Gemüsebrühe

1 EL Olivenöl

Toppings:

1 Möhre, geschält, in Stücken

1 TL Zitronensaft

1 TL Sonnenblumenöl

1 TL Agavendicksaft

1 Süßkartoffel, geschält, in 1–2 cm großen Würfeln

1 mittelgroße Aubergine, in 1–2 cm großen Würfeln

½ Zwiebel, geschält, in Ringen

1 EL Öl zum Anbraten

6 Blätter vom Chicorée

Sesam zum Bestreuen

1. Schäle die Möhre, schneide sie in grobe Stücke und zerkleinere sie im Mixtopf 3 Sekunden/ Stufe 4. Schiebe die Reste mit dem Spatel nach unten. Anschließend gibst du Zitronensaft, Sonnenblumenöl und Agavendicksaft in den Mixtopf dazu und verrührst alles 5 Sekunden/ Stufe 2. Fülle die Möhrenraspel in eine separate Schüssel um und reinige den Mixtopf.

2. Bereite das Dressing wie im Basisrezept beschrieben zu.

3. Fülle das Dressing um und reinige den Mixtopf.

4. Gib nun die Quinoa ins Garkörbchen und wasche sie unter fließend heißem Wasser. So werden die Bitterstoffe ausgewaschen.

5. Jetzt füllst du das Wasser mit dem Salz oder der Gemüsebrühe und dem Öl in den Mixtopf und hängst das Garkörbchen ein. Gare die Quinoa 20 Minuten/ Varoma/ Stufe 1.

6. Schäle die Süßkartoffel, schneide sie in 1–2 cm große Würfel und verteile diese im Varoma. Achte dabei darauf, dass Schlitze frei bleiben, damit der Dampf zirkulieren kann. Setze den Varoma nach der Hälfte der Quinoa-Garzeit auf den Mixtopf und stelle sicher, dass alles richtig sitzt, damit kein Dampf unkontrolliert entweichen kann. Gare die Süßkartoffeln für 10 Minuten mit.

7. Währenddessen wäschst du die Aubergine und schneidest sie in 1–2 cm große Würfel. Salze die Würfel leicht und stelle sie zur Seite.

8. Schäle die Zwiebel, halbiere sie und schneide die eine Zwiebelhälfte in Ringe.

9. Tupfe die Auberginenwürfel mit Küchenpapier trocken.

10. Erhitze nun das Öl in einer Pfanne und brate darin die Zwiebelringe und die Auberginenwürfel an. Gib auch die Süßkartoffeln aus dem Varoma dazu und brate sie kurz mit an.

11. Lege 2 Schalen mit den Chicorée-Blättern aus. Verteile darauf die Quinoa und dekoriere deine Bowls mit den Auberginen- und Süßkartoffelwürfeln, den Zwiebelringen, den Möhrenraspeln, dem Dressing und dem Sesam.

Grünkohl-Bowl

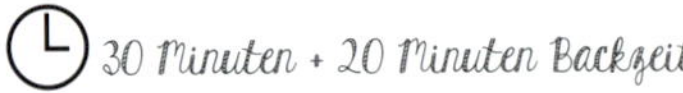

Zutaten

Utensilien:
1 Backblech, -papier

1 Süßkartoffel, in Stiften

1 TL Öl

Für das Zaziki:

2 Portionen Zaziki, zubereitet wie im Basisrezept auf Seite 34

Für die Basis:

150 g Goldhirse

300 g Wasser

1 TL Salz, 1 TL Salzgemüse oder 1 Gemüsebrühwürfel

1 Knoblauchzehe, optional

Toppings:

1 kleiner Brokkoli, in sehr kleinen Röschen

2 Handvoll frischer Grünkohl, in mundgerechten Stücken

2 EL Crema di Balsamico

1 TL Olivenöl

16 Rosinen

1 Prise Salz

6 braune Champignons, geputzt, in Scheiben

etwas Öl zum Anbraten

80 g dicke weiße Bohnen aus der Dose, abgespült und abgetropft

geröstete Kichererbsen (bekommt man gut im türkischen Supermarkt)

1. Heize den Backofen auf 180°C Ober-/Unterhitze vor. Dann schälst du die Süßkartoffel und schneidest sie in Stifte. Vermenge die Stifte in einer separaten Schüssel mit 1 TL Öl und verteile sie auf einem mit Backpapier ausgelegten Backblech. Backe die Stifte 20 Minuten im vorgeheizten Backofen.

2. Währenddessen bereitest du das Zaziki wie im Basisrezept beschrieben zu.

3. Wiege die Hirse in das Garkörbchen ein und wasche sie unter fließendem Wasser kurz ab. Gib die Hirse dann mit dem Wasser, dem Salz und der Knoblauchzehe in den Mixtopf.

4. Wasche den Brokkoli, teile ihn in sehr kleine Röschen und gib ihn anschließend in das Garkörbchen. Hänge das Garkörbchen in den Mixtopf ein und gare alles zusammen 8 Minuten/ 100°C/ Linkslauf/ Stufe 1. Nach Ende der Garzeit lass die Hirse mit geschlossenem Deckel noch 10 Minuten im Mixtopf ausquellen. Wer es nicht so bissfest mag, kann die Garzeit um 1 Minute verlängern.

5. Als Nächstes wäschst du den Grünkohl, schneidest den Strunk heraus und zerreißt die Grünkohlblätter in kleine mundgerechte Stücke. Vermische den Grünkohl in einer separaten Schüssel mit der Crema di Balsamico, dem Olivenöl, den Rosinen und einer Prise Salz.

6. Schneide nun die Champignons in Scheiben und brate sie 4 Minuten in der Pfanne an. Gib dann die abgespülten und abgetropften weißen Bohnen hinzu und brate sie 5 Minuten mit.

7. Richte die Hirse in 2 Schalen an und toppe sie mit dem Grünkohl, dem Brokkoli, den Süßkartoffelstiften, den Champignons und den weißen Bohnen. Dekoriere zum Schluss die Grünkohl-Bowls mit dem Zaziki-Dip und den gerösteten Kichererbsen.

Buddha-Bowl

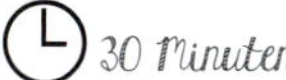

Zutaten

Utensilien:
Spiralschneider

Für die Basis:

2 Portionen Basmatireis, zubereitet wie im Basisrezept auf Seite 12

Toppings:

80 g Walnüsse

200 g Möhren, geschält

300 g Zucchini, in Streifen

10 Kirschtomaten, halbiert

100 g Blattsalat

1 Avocado, in Streifen

100 g Rotkohl, in Streifen

2 Portionen Avocado-Dressing (s. S. 23)

1 Handvoll Granatapfelkerne zum Bestreuen

1. Gib die Walnüsse in den Mixtopf und zerkleinere sie 3 Sekunden/ Stufe 5. Fülle sie anschließend um. Wenn du die Walnüsse gröber magst, kannst du sie auch mit einem Messer grob hacken.

2. Bereite nun den Basmatireis wie im Basisrezept beschrieben zu.

3. Schäle die Möhren und drehe sie mit einem Spiralschneider in lange Fäden. Wasche die Zucchini und schneide sie in feine Streifen.

4. Wasche die Salatblätter und die Tomaten. Halbiere die Tomaten. Schäle und entkerne die Avocado und schneide sie in feine Streifen. Schneide die Rotkohlblätter in feine Streifen oder zerkleinere sie im sauberen Mixtopf 5 Sekunden/ Stufe 5.

5. Bereite das Avocado-Dressing wie im Basis-Rezept beschrieben zu.

6. Verteile den Reis in die Schalen. Toppe den Reis mit Möhrenfäden, Zucchinistreifen, Salatblättern, Tomaten, Rotkohlstreifen und Avocado-Scheiben. Beträufle die Bowls mit dem Dressing und garniere sie mit den Walnüssen und den Granatapfelkernen.

Tofu-Poké-Bowl

Zutaten

Für die Basis:

2 Portionen Basmatireis, zubereitet wie im Basisrezept auf Seite 12

Toppings:

2 Portionen Paprika-Dressing, zubereitet wie im Basisrezept auf Seite 23

1 Block Räuchertofu, in Würfeln

½ Gurke, in Scheiben

1 Avocado, geschält, entkernt, in Würfeln

1 Nori-Blatt zum Bestreuen

Koriander zum Bestreuen

Sesam zum Bestreuen

1. Bereite den Basmatireis wie im Basisrezept beschrieben zu.

2. Bereite das Paprika-Dressing wie im Basisrezept beschrieben im sauberen Mixtopf zu.

3. Schneide den Tofu in Würfel und die Gurke in Scheiben. Schäle und entkerne die Avocado und schneide sie in Würfel.

4. Verteile den Reis auf zwei Schalen. Toppe den Reis mit Tofuwürfeln, Gurkenscheiben und Avocadowürfeln. Garniere die Bowls je nach Geschmack mit zerkleinerten Nori-Blättern, Koriander und Sesam.

Falafel-Bowl

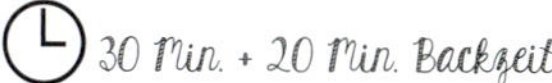

Zutaten

Für die Basis:

2 Portionen Jasminreis, zubereitet wie im Basisrezept auf Seite 12

Toppings:

2 Portionen Hummus, zubereitet wie im Basisrezept auf Seite 30

10 Kirschtomaten, halbiert

1 Avocado, geschält, in Scheiben

1 rote Zwiebel, in Streifen

100 g Salatmischung

2 EL Olivenöl

8–10 Falafel oder Falafel-Mischung zum Selbstformen

2 Portionen Tahin-Knoblauch-Dressing (s. S. 25)

4 Stängel Dill

Zitronenspalten zum Garnieren

1. Bereite den Hummus wie im Basisrezept beschrieben zu.
2. Bereite den Reis wie im Basisrezept beschrieben zu.
3. Wasche die Kirschtomaten und halbiere sie. Schäle die Avocado und die Zwiebel. Entkerne die Avocado und schneide sie in Scheiben. Schneide die Zwiebel in Streifen. Wasche den Salat.
4. Erhitze das Öl in einer Pfanne und brate darin die Falafel goldgelb an.
5. Bereite das Dressing wie im Basisrezept beschrieben zu.
6. Zupfe die Fähnchen vom Dill ab.
7. Verteile den Reis auf 2 Schalen und toppe die Schalen mit den Kirschtomaten, den Avocadoscheiben, den Zwiebelstreifen, den Falafeln und dem Salat. Garniere die Bowls mit den Dillfähnchen, dem Dressing und den Zitronenspalten. Reiche den Hummus dazu.

Kichererbsen-Bowl

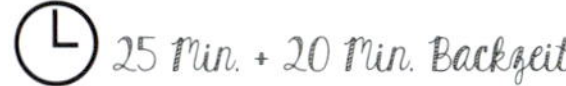

Zutaten

Utensilien:
Backblech, -papier

Für die Basis:

2 Portionen Quinoa, zubereitet wie im Basisrezept auf Seite 19

Toppings:

2 Portionen Spinathummus, zubereitet wie im Basisrezept auf Seite 32

265 g Kichererbsen aus der Dose, abgetropft

1 Süßkartoffel, geschält, in Würfeln

2 TL Rapsöl

½ TL Currypulver

1 Prise Salz & Pfeffer

2 Portionen Dattel-Dressing, zubereitet wie im Basisrezept auf Seite 23

100 g Cocktailtomaten, halbiert

1 Avocado, geschält, entkernt, halbiert

30 g Babyspinat

Sesam zum Bestreuen

Limettenspalten zum Garnieren

1. Bereite die Quinoa wie im Basisrezept beschrieben zu.
2. Bereite den Spinathummus wie im Basisrezept beschrieben zu.
3. Lege ein Backblech mit Backpapier aus und heize den Backofen auf 200°C Umluft vor.
4. Lass die Kichererbsen abtropfen, schäle die Süßkartoffel und schneide sie in Würfel.
5. Verteile Kichererbsen und Süßkartoffelwürfel getrennt voneinander auf dem Backblech. Vermenge die Kichererbsen mit 1 TL Öl, Currypulver, Salz und Pfeffer. Die Süßkartoffelwürfel vermengst du mit 1 TL Öl, Salz und Pfeffer. Gib das Gemüse in den vorgeheizten Ofen und röste es 20 Minuten.
6. In der Zwischenzeit bereitest du das Dattel-Dressing wie im Basisrezepte beschrieben zu.
7. Wasche die Tomaten und halbiere sie. Schäle und entkerne die Avocado. Halbiere sie und schneide sie in Scheiben. Wasche den Babyspinat.
8. Verteile die Quinoa auf 2 Schalen. Toppe sie mit den Kichererbsen, der Süßkartoffel, den Tomaten, der Avocado und dem Babyspinat. Garniere die Bowls nach Belieben mit Sesam und Limettenspalten und gieße das Dressing drüber.